LUCES EN LA NOCHE

FRANCISCO
BAENA CALVO

1

ISBN: 978-84-9916-487-8
DL: M-2478-2010
Impreso en España / Printed in Spain
Impreso por Bubok Publishing

Dedicatoria:

**Para todos los que dedican su tiempo
y sus cualidades al servicio de la Evangelización,
especialmente a los misioneros y misioneras que
ejercen su misión en el Tercer Mundo.**

PRÓLOGO

Es pleno Octubre Misionero cuando Francisco Baena Calvo me ofrece el gozo de prologar su libro "LUCES EN LA NOCHE", donde ha sabido poner en práctica ese humanismo cristiano que ya San Pablo aconsejaba a los Filipenses como camino de convivencia, tolerancia y paz: "Tomad en consideración todo lo que hay de verdadero, de noble, de justo, de limpio, de amable, de virtuoso y de encomiable" (48). Ha sido capaz de mirar con limpieza de corazón y descubrir lo que de Dios hay en cada hombre, en cada cultura. Ha ido espigando las "Semillas del Verbo", las raíces evangélicas, que hacen florecer el Reino de Dios en el mundo.

Francisco Baena es consciente que todo proceso evangelizador, misionero, debe partir siempre de captar la presencia del Espíritu Santo que ya ha iniciado su misión de inspirar sentimientos e iniciativas de gratuidad, justicia, solidaridad, libertad, dignidad, paz,... y ayudar a su crecimiento, desarrollo y maduración, acogiendo con cariño, compartiendo con humildad, y dejando que "el Espíritu Santo engendre en nosotros sentimientos propios de una vida en Cristo" (Flp 2,5).

Poesías, artículos de periódico, crónicas de radio, homilías, reflexiones, comentarios,... todo en Francisco Baena rezuma universalidad, catolicidad, misionerismo. Es un convencido de que el primer areópago del tiempo moderno es el mundo de la comunicación, que está unificando a la humanidad y transformándola -como suele decirse- en una "aldea global". Los medios de comunicación social han alcanzado tal importancia que para muchos es el principal instrumento informativo y formativo, de orientación e inspiración para los comportamientos individuales, familiares y sociales. Las nuevas generaciones, sobre todo, crecen en un mundo condicionado por estos medios (Encíclica misionera Redemptoris missiio, 38). Por eso se sirve de todo, lo utiliza todo, para anunciar el Evangelio, para convocar a la Comunión Eclesial, para hacer presente el Reino de Dios.

Y todo ello cuando nos estamos preparando para celebrar el DOMUND, la fiesta de la Catolicidad de la Iglesia, donde Ella toma conciencia de que la Misión Universal constituye su naturaleza y misión, que ha sido convocada para evangelizar convocando a todos los pueblos, a todas las gentes y a todas las culturas. El DOMUND es una ocasión privilegiada para pedir al Señor una pasión cada vez mayor por la causa de la evangelización. Evangelizar es, efectivamente, el primero y el mayor servicio que los cristianos pueden prestar a las mujeres y a los hombres de nuestro tiempo, marcados por odios, violencias, injusticias y, sobre todo, por la pérdida de verdadero sentido de vida. El DOMUND es una jornada para, desde la vivencia gozosa y agradecida de la fe, interesarse por la vida misionera de la Iglesia Universal y desarrollar la conciencia del compromiso responsable en la evangelización universal, haciéndolo efectivo mediante la cooperación a la actividad misionera de la Iglesia, en clima de comunión misionera y en actitud perenne de acción de gracias y de reto interpelante por los frutos y exigencias de la evangelización universal.

El DOMUND nos recuerda el deber de nuestra aportación a la misión ad gentes a través de las formas habituales: Unos con la ofrenda del dolor y sufrimientos asumidos, conscientes del valor redentor del dolor; todos con la oración confiada y perseverante, la única riqueza fecunda del cristiano; sosteniendo con nuestra aportación económica lo que en nuestro nombre realizan otros hermanos nuestros, y sobre todo pidiéndole al Señor vocaciones misioneras, jóvenes que con la entrega total de sus vidas están dispuestos a ir en nombre de toda la Iglesia a las "fronteras" de la fe para convocar y reunir hasta que Cristo sea todo en todos (1 Cor 15,28).

Francisco Baena va acumulando una larga experiencia literaria y espiritual: "Aprendiz de Poetas", "Jardineros de Versos", "Emisor del viento", "Palabras al viento-Cita con la pluma" y "Versos a lo Vivo", hoy se nos convierte en "segador de espigas sembradas por el Espíritu de Dios en la sementera del mundo" (cf. Jn 4,35-38). Ç

"LUCES EN LA NOCHE" es un libro que requiere tiempo, no debe ser leído con prisas, cada reflexión debe ser acogida, saboreada y digerida, hasta extraer de ella su mensaje. Así, paso a paso nos irá enseñando a vivir con su talante de pastor y poeta, con ojos contemplativos y con corazón abierto para captar lo que de divino hay en cada hombre, de cielo en la tierra, de eternidad en el tiempo,... a orar la vida y a vivir alabando a todo y por todo a Dios.

Córdoba, 1 de Octubre de 2009,
Día de Santa Teresita del Niño Jesús,
Doctora de la Iglesia y Patrona de las Misiones.
Antonio Evans Martos

INTRODUCCIÓN

Tienes en tus manos un "libro sapiencial", unas páginas que han brotado de la contemplación, la meditación y la reflexión. Nació como un remanso de paz para las ondas de la radio y su objetivo es hacer florecer la esperanza en el hombre.

Mis palabras, a menudo, son palabras torpes pero, intercaladas en palabras mágicas, llenas de grandeza de los mejores hijos e hijas de la humanidad, cobran un valor excepcional. Son la esencia misma de la búsqueda hacia la felicida, que todos anhelamos y buscamos con vehemencia aunque en ocasiones por caminos equivocados. Estas palabras maravillosas que tienen rostro y nombre concretos en cada siglo, representados en las mejores almas de una generación, nosotros las recibimos como un legado riquísimo que nos ayudan a peregrinar por esta vida y nos ayudan a hacer más creíble y comprensible nuestra propia existencia.

Abre este libro y acurrúcate dentro. Son palabras de aliento, fortaleza y calor, que quieren saciar "el hambre de eternidad y de inmortalidad" que llevamos dentro. Muchas reflexiones son oraciones, leyendas, acontecimientos que han marcado mi existencia cotidiana como persona, como cristiano y como sacerdote. Otras son meditaciones que brotan de mi corazón a través de una frase bíblica, de una secuencia de una película favorita o de una frase lapidaria de algún autor consagrado o un simple comentario de una persona con "alas en los pies y fuego en el corazón". Son, en definitiva, palabras que dan razones para esperar, para creer y para vivir.

El escritor debe estar abierto a todo, y en medio de tantas palabras buscar los mensajes el alma de millones de hombres y mujeres a lo largo de toda la historia, que poseen la esencia misma de la sabiduría y ayudan a vivir.

Bien sabemos que en todas las obras completas de un escritor siempre hay frases y párrafos que son capaces de emocionarnos e incluso, al cabo de los años de su lectura, recordamos esos libros precisamente por esas frases. ¡Sólo por esas frases que encendieron nuestros sentimientos y saciaron nuestra razón! Son párrafos que encienden el fuego del Espíritu y hacen llevar a nuestro corazón hacia otras latitudes, la perfección.

Probablemente esta manera de seleccionar frases o citas célebres tiene sus inconvientes y sus dudas metódicas. Sacad una frase de su contexto puede ser, en ocasiones, peligroso y subjetivo, ajeno al verdadero sentido de su autor. Tampoco he pretendido provocar en el lector la aturdida sensación de poseer un vasto conocimiento de la obra completa de muchos autores y tener una "cultura enciclopedista".

¡No! Sólo aquellas frases que sacian mi alma y mi itinerario personal han servido de punto de partida, e incluso punto de encuentro, para iluminar la realidad, a veces hostil. Entre esos libros de inspiración ocupa un lugar privilegiado la Biblia y, más concretamente, los Santos Evangelios.

LUCES EN LA NOCHE, nacido para la radio, son un aporte pequeño para la evangelización en este Tercer Milenio. La nueva evangelización requiere utilizar los medios de Comunicación Social como un medio privilegiado para anunciar a Jesucristo y su mensaje de salvación para un hombre y una mujer contemporáneos "que se han convertido en audio-visual" (Pierre Babin).

¡Por favor, no leas las reflexiones de un tirón como una novela! Lee una o varias cada día y entresaca la mejor enseñanza para tu vida. Verdaderamente LUCES EN LA NOCHE es un libro que quiere dar razones para vivir, para esperar y para confiar.

Estas reflexiones tienen ya una larga andadura radiofónica a lo largo de algunas emisoras de radio: Onda Marina. Fernán-Núñez. (107.4); Radio Atalaya. Cabra. (107.3); La Voz de los Pedroches. Pozoblanco. (91.2); Radio Lucena. Lucena. (95.7): Onda Pasión. La Rambla. (107.7); Radio Anzur. Puente Genil. (107.5); Radio Espejo. Espejo. (107.3); Radio joven. Almedinilla. (88.1); Onda Mencía. Doña Mencía. (107.6); Radio Estrella. Espiel. (107.2); Onda Cero. Aguilar de la Frontera. (93.1). Mi gratitud a los responsables que dirigen estas emisoras que hacen posible que estas reflexiones lleguen diariamente a miles de hogares como un bálsamo y un mensaje de esperanza.

Hoy llega a tus manos LUCES EN LA NOCHE que con el calor de la experiencia, la ilusión de la fe y el encanto de la evangelización quiere que te ayude a tu crecimiento espiritual y a tu vida cristiana.

Gracias por haber optado por este libro. Espero que LUCES EN LA NOCHE te envuelva y te ayude a crecer como persona de este Tercer Milenio y como creyente en Cristo. Atrévete a leerlo sin prisas. No te arrepentirás.

EL AUTOR

1.- No contradicción entre la cultura y la fe.

La Iglesia no elimina nada de cuanto bueno, bello y verdadero hay en cualquier persona o cultura. Ella misma oferta una luz, Jesucristo, que ilumina toda la realidad y la vincula en el dinamismo de la salvación.

No puede haber contradicción entre la cultura y la fe, entre lo verdaderamente humano y el evangelio, entre las aspiraciones nobles de transformar la realidad, la realización personal de cada ser humano y la Buena Noticia de Jesucristo.

Vive la armonía de todo cuanto existe y ábrete a la acción sorprendente de Dios.

2.- el hombre, cocreador con Dios.

Dios ha dejado sobre el hombre el señorío del mundo y de todo lo creado. Continuamente está invitado a "recrear" y a transformar la realidad, utilizando sus cualidades, talentos e inteligencia. En definitiva, el hombre es "co-creador" con Dios en esta realidad no terminada ni acabada.

Esta gran vocación creadora del ser humano contrasta con el afán destructor del sistema ecológico de muchas grandes empresas y el desafío provocador de romper los límites morales en los que se deben mover toda tarea y empresa humana.

3.- No a la violencia.

Juan Pablo II pronunció en Irlanda un discurso contra el terrorismo, que sintetiza la postura que cualquier cristiano debe de tener en sus relaciones humanas: "No creáis en la violencia... creed en la paz, en el perdón y en el amor... Os suplico de rodillas que abandonéis los senderos de la violencia y volváis a los caminos de la paz... La violencia atrasa el día de la justicia..."

¡Qué gran don la paz en las sociedades humanas y qué difícil mantenerla dentro de los límites de la justicia!

Trabaja en este día para ser un mensajero de la paz.

4.- *Reencontrarse consigo mismo.*

El hombre intenta reencontrarse consigo mismo y con su propio pasado. Este reencuentro es sustancial a su propia realización personal y un reto en su propia existencia.

A veces, el paso del tiempo va arrinconando ilusiones y personas, y va acurrucando sospechas y complejos, que sólo la mirada hacia el otro lado es capaz de soportar. Pero, en cualquier esquina nos volveremos a encontrar con una pequeña luz que puede iluminar todo lo anterior.

¡Sí, en el fondo, el ser humano lo único que hace es volver, aunque en muchas ocasiones su propia andadura personal sea huir de sus fantasmas anteriores!

5.- *Que la Iglesia entre en ti.*

Una mujer creyente le decía continuamente a su hijo: "No basta que vayas a la Iglesia, sino que la Iglesia entre en ti"

Aquella mujer tenía toda la razón. Muchas veces, la aparente práctica religiosa es fría y no sale de los límites del cumplimiento. Son ritos vacíos que no arañan ni tan siquiera un trozo de conversión en nuestro interior.

Jesús de Nazareth lanzó grandes ataques contra esas posturas farisaicas y faltas de interioridad. Él decía palabras tan fuertes como éstas: "¡Ay de vosotros, escribas y fariseos hipócritas, que pagáis el diezmo de la menta, del aneto y del comino, y descuidáis lo más importante de la Ley: la justicia, la misericordia y la fe! Esto es lo que había que practicar, aunque sin descuidar aquello. ¡Guías ciegos, que coláis el mosquito y os tragáis el camello!" (Mt 23, 23-24).

¡Por favor, que la Iglesia entre en tí y puedas vivir el Evangelio en toda su densidad!

6.- *El valor de la mujer*

El Papa Pablo VI en la clausura del Concilio Vaticano II lanzó un maravilloso mensaje a las mujeres, que aún conserva toda su fuerza: "La Iglesia está orgullosa, vosotras lo sabéis, de haber elevado y liberado a la mujer, de haber hecho resplandecer, en el curso de los siglos, dentro de la diversidad de los caracteres, su innata igualdad con el hombre.

Pero llega la hora, ha llegado la hora en que la vocación de la mujer se cumple en plenitud, la hora en que la mujer adquiere en el mundo una influencia, un peso, un poder jamás alcanzado hasta ahora.

Vosotras, las mujeres, tenéis siempre como misión la guarda del hogar, el amor a las fuentes de la vida, el sentido de la cuna... Reconciliad a los hombres con la vida...

Mujeres del universo todo, cristianas o no creyentes, a quienes os está confiada la vida en este momento tan grave de la historia, a vosotras toca salvar la paz del mundo"

7.- *Las palabras de un ateo*

Albert Camus, autor existencialista preocupado por el sufrimiento del inocente y el problema del mal, dijo: "Cristo ha venido a resolver dos problemas fundamentales: el del mal y el de la muerte, que constituyen precisamente la angustia de los hombres. Los ha solucionado sobre todo asumiéndolos sobre sí mismo. También el Dios hombre sufre con paciencia. Ni el mal ni la muerte son absolutamente imputables, desde el momento en que ha sido acongojado y muerto".

Efectivamente, Jesucristo ha cargado sobre sí el peso del sufrimiento y él mismo ha asumido la muerte más cruel, sólo por amor, sólo por nosotros, sólo por el hombre y mujer de siempre.

8.- *La grandeza de un alma*

Teresa de Calcuta, fundadora de las misioneras de la caridad, una de las mujeres más importantes de nuestro reciente catolicismo, cuya espiritualidad giraba en el amor a Cristo encarnado en los más pobres y marginados. Ella gustaba rezar a este Cristo mendigo: "Líbrame, Jesús mío, del deseo de ser amada, del deseo de ser alabada, del deseo de ser honrada, del deseo de ser venerada, del deseo de ser preferida, del deseo de ser consultada, del deseo de ser aprobada, del deseo de ser popular, del temor a ser humillada, del temor de ser despreciada, del temor de sufrir rechazos, del temor de ser calumniada, del temor de ser olvidada, del temor de ser ofendida, del temor de ser ridiculizada, del temor de ser acusada...

Haz que nuestros corazones se llenen de paz. Nuestro mundo, nuestro universo: paz, paz, paz".

9.- *El artículo 2 de los derechos humanos*

Medita en este día el artículo segundo de la declaración universal de los derechos humanos, verdadera carta de una humanidad redimida y liberada: "Toda persona tiene todos los derechos y libertades proclamados en esta Declaración, sin distinción alguna de raza, color, sexo, idioma, religión, opinión política o de cualquier otra índole, origen nacional o social, posición económica, nacimiento o cualquier otra condición".

¡Qué lejos quedan de esta declaración universal la multitud de posturas condenatorias que se prodigan en nuestro planeta, vinculadas a la xenofobia, el racismo, la violencia, la injusticia y la guerra!

¡Qué gran don los derechos humanos para los hombres y mujeres de hoy, hechos con lágrimas y sangre de antaño!

10.- La violencia

Esquilo decía que "la violencia acostumbra a crear violencia". La experiencia nos demuestra que es así. Ya lo decía Jesús de Nazaret a su amigo Pedro cuando lo iban a apresar en el huerto del Getsemaní y Pedro intentaba ayudarle con la espada. Entonces Jesús le dijo: "Guarda tu espada, porque todos los que empuñen la espada, a espada morirán" (Mt 26,52).

En la historia humana encontramos que la violencia engendra violencia, y que sólo actitudes más grandes que la propia violencia han perdurado en la memoria colectiva de los pueblos.

Descubre que no sólo hay una violencia física y que, a veces, la violencia verbal y las agresiones psíquicas son más devastadoras que el propio golpe.

¡No seas un violento y vuélvete al camino de la paz y del amor!

11.- Los sabios

Ser sabio no es tarea fácil. Estar abierto a todo cuanto existe y no anclarse en la ignorancia son los secretos mejores guardados de la sabiduría. Alcanzar la calidad de sabio no se consigue nada más que con reflexión, meditación y contemplación.

Napoleón decía que "los sabios son los que buscan la sabiduría. Los necios piensan ya haberla encontrado".

Quizá tuviera razón Napoleón. Sólo la búsqueda incesante nos llevará a buen puerto y nos dará la llave que rompa nuestra ignorancia. Sólo el dolor que provoca el conocimiento nos hará encontrar la senda hacia la verdad plena.

Sólo quién afirma su ignorancia y se apoya en la humildad podrá buscar la sabiduría que se esconde en los huecos de la vida.

12.- La oración

Santa Teresa de Jesús, una de las mujeres españolas más importantes de la historia mundial y una auténtica maestra en el arte de rezar, decía: "La oración que no advierte con quien habla, y lo que pide y quién es quien pide y a quién pide, no lo llamo yo oración, aunque mucho menee los labios".

La oración es un trato de amistad con Dios, que llena de sentido y de amor toda la vida del hombre y de la mujer creyentes.

La oración grita en lo más profundo del corazón estas palabras que sellan de esperanza cada acto y cada pensamiento: ¡Sé de quién me he fiado!

La oración no gusta de muchas palabras huecas. Sólo quiere un corazón sencillo que alaba al Dios de la vida, aunque sea en los más profundos pozos.

13.- La tristeza

¡Qué bien sabemos que las cosas y las riquezas no valen nada cuando el vacío y la tristeza se apoderan de nuestra vida!

¡Cuánto pesan las posesiones cuando ellas mismas se convierten en guardianes de nuestra esclavitud interior y nos cierran a cal y canto la grandeza de la confianza en el otro!

¡Qué dolor encierra la soledad cuando la tristeza nos envuelve y nos hace amigos de las lágrimas!

¡Qué sufrimiento se acumula en nuestro espíritu cuando la tristeza se hospeda en nuestra casa y nos lanza a la soledad y al miedo!

¡Por favor, en este día, lucha contra la tristeza amando a los demás!

14.- *Valorar lo que tienes*

Cicerón afirmaba: "La buena salud la aprecian más los que acaban de pasar una grave enfermedad que quienes nunca estuvieron enfermos".

Efectivamente, sólo el que ha pasado por una experiencia es capaz de entenderla y comprenderla en su justa medida.

Bien sabemos, por experiencia propia, que sólo valoramos las cosas cuando estamos lejos o la hemos perdido.

¡Cuántas veces estamos al lado de la fuente y no percibimos su agua cristalina! ¡Cuántas veces tenemos la salud y no la valoramos hasta que se resquebraja sin remedio!

Valora todo lo que te rodea, todo lo que eres y a todas las personas que pertenecen a tu universo simbólico.

15.- *Una respuesta convincente*

Eddy Merckx, uno de los ciclistas más importante de todos los tiempos, dijo en una ocasión: "Desde siempre soy un entusiasta seguidor de Jesucristo; lo llevo conmigo. Me convence su atractiva figura y su mensaje tan humano y tan divino. Estoy dispuesto a recorrer el mundo con mi bicicleta proclamando la grandeza de Jesucristo y dando a conocer su mensaje".

¿Qué tendrá Jesucristo para atraer hacia Él a millones de hombres y mujeres, de cualquier condición y cultura?

¿Acaso tú no te atreves a unirte existencialmente a Jesucristo, convencido de que "Él es el Camino, la Verdad y la Vida"?

16.- Vosotros, los enfermos

El Concilio Vaticano II dedica un mensaje maravilloso a los enfermos. Si estás enfermo o eres cuidador de enfermos haz tuyas estas palabras: "¡Oh, vosotros que sentís más pesadamente el peso de la cruz! Vosotros que sois pobres y desamparados, los que lloráis, los que estáis perseguidos por la justicia, vosotros sobre los que se calla, vosotros los desconocidos del dolor, tened ánimo; sois los preferidos del reino de Dios, el reino de la esperanza, de la bondad y de la vida; sois los hermanos del Cristo paciente, y con El, si queréis, salváis al mundo... Sabed que no estáis solos, ni separados, ni abandonados, ni inútiles: sois los llamados por Cristo, su viva y transparente imagen"

17.- La Risa

Erasmo de Rotterdam, uno de los humanistas del Renacimiento más importantes, afirmaba con contundencia: "Reírse de todo es propio de tontos, pero no reírse de nada lo es de estúpidos".

La risa es beneficiosa para el alma y para la salud. Continuamente los psicólogos nos advierten de lo saludable que es para nuestro equilibrio personal. Algunos hablan de dos horas diarias de risa y alegría desbordante.

Pero no usemos como motivo de nuestras risas los fallos, errores, defectos de los demás. Esta actitud es patológica y evasiva, al tiempo que es de mal gusto y mala educación.

Quizá el mejor ejercicio que puedas hacer por la mañana es mirarte al espejo y reírte de ti mismo.

Puedes decirle a los que te rodean: No quiero reírme de ti, quiero alegrarme y reírme contigo.

18.- *Desvelando incógnitas*

Séneca afirmaba: "No puedo decirte quiénes me irritan más, si los que quieren que no sepamos nada o los que ni siquiera nos dejan ignorar".

En muchas ocasiones la vida posee ciertas incógnitas que ni el estudio ni el razonamiento, ni la experimentación ni las más grandes sabidurías humanas pueden desvelar. Y el ser humano tiene derecho a que nadie, en nombre de ningún poder ni autoridad científica, quiera desvelárselo.

Muchas veces la ignorancia no es la ausencia de un espíritu sabio, sino la esencia misma de la sabiduría. Ya lo decía Sócrates, el filósofo griego que impulsó a la filosofía más allá del mito y de los sofistas, cuando decía: "Sólo sé que no sé nada". Era uno de los hombres más inteligentes de su tiempo.

19.- *Valorar lo que tienes*

Epicuro afirmaba: "El que no considera lo que tiene como la riqueza más grande, es desdichado, aunque sea dueño del mundo".

¡Qué bien sabía Epicuro que esa sintonía hacia las cosas que tienes y te rodean son las que gestan tu universo simbólico y llenan de "sentido parcial" todos los acontecimientos de tu anodina historia!

¡Qué bien comprendía que las cosas alcanzan en ocasiones un valor simbólico que más allá de la propia materia y que sólo esa dimensión de pertenencia, sintiéndola como única e irrepetible, es la que te va haciendo miembro de un entorno, aunque esto no implique apegarte desesperadamente a ellas!

En este día, por favor, valora lo que posees como lo más valioso del mundo y no desees desmesuradamente lo que no posees. Serás un desgraciado en tu diminuta historia.

20.- Cristo roto

En una gran ciudad alemana, en el tiempo de la Segunda Guerra Mundial, los bombaderos destruyeron la más hermosa de sus Iglesias. Entre sus escombros se mezclaban sus retablos e imágenes con las piedras y el polvo. Se pusieron a la obra y pudieron reconstruir algunas imágenes, entre ellas a un Cristo crucificado, una talla magnífica antiquísima, verdadera devoción de muchísima generaciones en esa ciudad.

Se pusieron a la obra para restaurarla pero fue imposible encontrar los brazos. Tuvieron tentaciones de hacerles unos nuevos pero alguien pensó que aquello era un signo y una exigencia para todos los que se acercaran a implorarle y rezarle.

Alguien rezó ante Él: "Cristo no tiene brazos, tiene los tuyos para crear un mundo donde brille la justicia y la paz; Cristo no tiene manos, tiene las tuyas para brindar ayuda al que necesita consuelo; Cristo no tiene dedos, tiene los tuyos para fortalecer al débil y alentar al triste".

21.- Una historia sin Dios

No puedo concebir una historia sin Dios. A veces, cuando se oscurece en nuestro caminar la huella del Eterno el rostro del hombre se hace más deforme y su presencia más insoportable.

¿Qué nos queda si nos arrebatan la creencia en Dios y nos obligan a sumergirnos en esta historia tan cargada de cruces y tan madraza en sus cimientos?

¿Qué esperanzas corren las víctimas de ayer, de hoy y de siempre si esta historia termina en la muerte y sus mejores arpegios son la guerra, la competencia y la violencia?

¡Por favor, resistíos a instalaros en esta historia sin la melodía de Dios que da una respuesta al problema del mal y sella con su presencia los huecos de nuestra dramática existencia.

22.- Dios es la máxima belleza

Dios es la suma perfección, la máxima Belleza. Caminar y aspirar hacia Dios supone ir arrinconando la vulgaridad y maravillarse por la armonía de lo estético.

La fe no está reñida con el arte, la creatividad y la belleza. De hecho, la expresión religiosa siempre ha estado vinculada con la aspiración humana de buscar la estética, la armonía y la belleza visual.

Si el color blanco es la síntesis de todos los colores del arco iris y de toda la creación, Dios es la máxima perfección de la belleza interior y exterior, que hace al hombre buscar la belleza tanto interna como externa, al tiempo que sella con su aroma la sonrisa de las cosas.

Busca en este día la belleza, la armonía y la estética. No olvides que donde está la belleza allí está Dios.

23.- El templo del Espíritu Santo

El ser humano es, en esencia, templo del Espíritu Santo, un verdadero sagrario donde se manifiesta la presencia sacramental de Cristo.

El verdadero cristianismo aspira a armonizar siempre el amor inmenso y absoluto al Dios invisible, manifestado plenamente en Cristo, con el amor al hombre y a la mujer, manifestación y gloria del Misterio.

El ser humano es el camino para ir a Dios, y desde ahí todos los derechos humanos, juntamente con su dignidad, alcanzan su fundamento.

No profanes el auténtico sagrario del Espíritu y nunca destruyas el clamor del respeto al ser humano, la quintaesencia de lo eterno.

24.- Ser pobre

En cierta ocasión, un sacerdote preguntó en una misa de niños: "¿Quién es pobre?" Una niña levantó la mano y respondió vivamente: "Un pobre es aquella persona que no tiene comida ni amor".

¡Qué bellamente expresó aquella niña la esencia misma de la pobreza! ¡Qué sabiduría se condensan en esas gigantescas palabras salidas de los diminutos labios de una niña pequeña que sin saberlo llegó al corazón mismo del Evangelio!

¡Cuántos pobres te rodean cargados de joyas e insatisfechos en su pecho! ¡Cuántos pobres no reclaman un trozo de pan sino un poquito de afecto!

¡Cuántos suspiran una mano amiga que los aliente en su fatiga y les ayuden en su desierto!

25.- Aprende a decir no

Gabriel García Márquez, uno de los escritores más importantes de lengua hispana, decía: "Lo más importante que aprendí a hacer después de los cuarenta años fue a decir no cuando es que no".

En ocasiones decir no supone poner al mundo en contra tuya y rodearte de enemigos deseosos de tumbarte y sin sabores múltiples que no hacen más que complicarte la vida. Pero aquí está la verdadera diferencia entre aquellos que temen perder la vida y aquellos que quieren entregarla por un ideal más auténtico.

Un libro del análisis conciliatorio tenía un título sugerente: " No digas sí cuando quieras decir no".

Aquí radica la grandeza del profeta y el que ha optado por la verdad, la libertad y la valentía.

¡Cuántas veces reclamamos coherencia para los otros y no lo hacemos con nosotros mismos!

26.- *Una mirada que libera*

Necesitamos encontrar en nuestra vida la mirada que nos libere y nos reconcilie con la vida. De vez en cuando, en medio de miradas que nos destrozan y nos sacuden interiormente a través de las críticas despiadadas a lo que hacemos y somos, aparece una mirada que nos acerca a la misericordia y nos hace sentirnos un poco más humanos.

Un autor existencialista, Jean Paul Sartre, sentenciaba que "el infierno son los otros". Muchos están de acuerdo con ese refrán tan repetido: "Hay miradas que matan".

 Sin embargo, recordemos aquella mirada profunda y humana de Cristo a la mujer pecadora. Cuando todos la condenaban y la insultaban, Jesucristo la miró y sentenció: "El que esté libre de pecado que tire la primera piedra..." ¡Esas miradas de compasión son las que necesitamos para seguir viviendo!

27.- *El colador de café*

¿Qué enseñanza entresacamos del colador de café? Deja pasar el café en la taza y acumula los desperdicios. Eso es, en esencia, el discernimiento de espíritu.

Tenemos como creyentes una tarea urgente: cribar de nuestra existencia y de la realidad aquello que verdaderamente lleva al hombre a la plenitud y a la realización personal.

Bien sabemos que en el interior de todas las cosas se esconde la esencia misma y que en las actitudes más variadas de las personas se hallan valores que son capaces de llenar de sentido la humanidad entera.

Ya sabes que no todo lo que nos rodea y hacemos se corresponde con la voluntad de Dios ni está en armonía con los derechos humanos, la verdadera carta magna del hombre bueno y honrado.

28.- *La evaluación*

Recuerdo una sección de evaluación de alumnos de un curso bastante revuelto y poco estudioso. Todos los profesores pendientes de la nota y anotando detalles, actitudes, preparación y conocimientos de cada alumno.

Algo parecido ocurrirá al final de la historia cuando seamos juzgados por el Eternamente Misterio, que está más allá de las nubes y más cerca de los pensamientos.

Imagínate a Dios entresacando lo bueno que realizastes y los sentimientos que afloraron en tu corazón. Recuerda que ni un vaso de agua que demos quedará sin recompensa y que al final de la vida nos examinarán del amor.

29.- *El secreto de Robert Forster*

Robert Forster, actor norteamericano nominado a los oscar-98 por la película "Jackie Brown" de Quentin Tarantino, comentaba en una entrevista: "He aguantado el largo periodo de oscuridad a un programa que me tracé. Era un programa con tres puntos: el primero consistía en mantener una actitud positiva para seguir profesionalmente en forma. El segundo era mantener la estrategia de aspirar a la excelencia en todo momento. El aquí y ahora es lo único que controlamos y hay que aceptar todo lo que uno ha hecho, incluso los errores. El tercer punto consiste en no tirar nunca la toalla".

Buena estrategia la de Robert Forster que con 56 años de edad aún conserva la ilusión de la vida y no tiró la toalla cuando todo le salía mal y nadie se acordaba de él.

30.- *Amigos verdaderos*

"Amigos verdaderos son los que vienen a compartir nuestra felicidad cuando se les ruega, y nuestra desgracia sin ser llamados", afirmaba sabiamente Demetrio de Falerea.

La amistad es el mayor regalo que podemos recibir en nuestra existencia y el mayor reclamo de la vida es buscar al amigo que sea capaz de iluminar con su sola presencia los huecos de nuestro corazón.

El amigo es un compañero de viaje que contagia con su presencia los caminos del peregrinar que llevamos y en los momentos de dolor está sin preguntar, sin exigir, sin controlar, sin criticar, sin huir.

El amigo es la llama de nuestra hoguera que arde sin consumirse aún sin estar cerca.

¡Por favor, si tienes un amigo cuídalo, ámalo, protégelo, invítalo! Será lo mejor que te ocurra en tu vida.

31.- *Un Sagrario viviente*

Un matrimonio cristiano tuvo una hija y vino con dificultades psicológicas y fisiológicas. La niña quedó gravemente dañada.

Sin embargo, el padre repetía continuamente: "Tengo en mi casa un sagrario viviente".

Aquella niña, toda dependiente del cariño de los demás, sus sentimientos se expresaban nada más que con la sonrisa y el llanto. Aquella niña, sin malicia alguna, necesitaba el amor de su familia para seguir viviendo, sentada en su sillón.

Aquella niña, que para muchos no debería de existir, era un sacramento de Cristo en aquella casa cristiana.

¡Si eres cuidador de enfermos repite sin cansarte: "Tengo en mi casa un sagrario viviente"

32.- *La televisión*

Ann Landers comentaba: "El fenómeno de la televisión demuestra que la gente está dispuesta a ver cualquier cosa con tal de no verse a sí misma".

Probablemente mirarnos a nosotros mismos con realismo sea lo más difícil que nos toque realizar en la vida y sea la más purificadora catarsis que haremos en nuestra existencia.

La televisión se puede convertir en evasión y en huida de ti mismo cuando buscamos no mirar nuestra vida y la proyectamos inconscientemente en la película, en programas de bajos vuelos y en tertulias sin sustancia.

No huyas de ti mismo y mírate cara a cara para avanzar hacia la perfección humana.

33.- *Salir de la mediocridad*

Robert Hossein comentaba con gran contundencia: "Yo estaba tranquilo en mi mediocridad hasta que me resultó insoportable".

¡Cuántas veces no somos conscientes de nuestra vulgaridad y nuestra mediocridad sin límites! ¡Cuántas veces el drama de nuestra diminuta existencia es precisamente tomar conciencia de nuestras miserias y no hacer nada para superarlas!

Bien sabemos que en la vida hemos recibido unas cualidades y unos talentos que tenemos que potenciarlos para realizarnos como personas. Bien sabemos que en el fondo de cada hombre y cada mujer hay diamantes valiosos que sólo el esfuerzo y el dominio interior serán capaces de sacarlos a la luz.

34.- *El drama del Cristianismo*

El drama del cristianismo actual es desvincular a Jesús de Nazaret del Cristo Resucitado como dos realidades relacionadas entre sí pero independientes.

Reimarus, un autor ilustrado que en un escrito póstumo publicado por sus alumnos, escribía: Jesús fue un fracasado político que murió en la cruz pero sus discípulos idealizaron su figura inventando la resurrección, convirtiéndolo en el Señor y el Cristo.

Desde entonces toda la investigación exegética intenta desvelar esa incógnita.

Vuélvete al Cristo del evangelio, sabiendo que el mismo Jesús que realizó grandes prodigios, relativizó la ley en beneficio del hombre, curó a enfermos y murió en la cruz es el mismo que ha resucitado y ha sido glorificado.

35.- *Tus ideales*

D. Macarthur afirmaba: "Nadie envejece por vivir años, sino por abandonar sus ideales. Eres tan joven como lo sea tu fe, tu confianza en ti mismo, tu esperanza. Eres tan viejo como tu temor, tus dudas, tu desesperanza".

¡Que bien sabía Macarthur que muchos hombres y mujeres con 90 años viven la juventud más intensa, cargados de ilusiones, ganas de vivir, deseos de aprender y de contagiarse de la vida que les rodea, y cuántos jóvenes viven sumidos en la más dramática de la ancianidad, sin ilusiones, esperanzas y temores!

En este día pide a Dios que te ayude a saborear la vida que te ha sido regalada y puedas encontrar una razón válida para seguir viviendo, no vegetando.

36.- *Deseoso de aprender*

Cuentan que Molmann, uno de los teólogos más importantes de Alemania, preguntó a Enn Bloch, conocido neomarxista, que tenía en ese momento 90 años: "Bloch, ¿cree usted en la vida después de la muerte?"

Bloch calló unos momentos, pensó la respuesta detenidamente, miró a Molmann, se le iluminó el rostro y contestó entusiasmado: "¡Aún me queda esa experiencia!"

Aquel hombre, con 90 años, deseoso de aprender y de no negarse a nada supo encontrar en una vida sin prejuicios el secreto de su existencia y el camino para seguir feliz.

En este día vive tus experiencias y no te encierras a tu egoísmo y vanidad.

37.- *Perdonar una ofensa*

E. H. Chapin sentenciaba: "Jamás da el alma humana mejor prueba de fortaleza y nobleza que cuando renuncia a la venganza y se atreve a perdonar una ofensa".

Maravillosa sabiduría la de Chapin que supo resumir en breves palabras el único sentimiento que es capaz de liberar al hombre de la venganza y de su propia ira, y la única grandeza que hace conquistar a la humanidad cotas morales más allá de la "ley del más fuerte".

Recuerda la enseñanza de Cristo en este día: "Habéis oído que se dijo: Amarás a tu prójimo y odiarás a tu enemigo. Pues yo os digo: Amad a vuestros enemigos y rogad por los que os persigan, para que seáis hijos de vuestro Padre celestial, que hace salir su sol sobre malos y buenos, y llover sobre justos e injustos" (Mt 5,43-45).

38.- Tener memoria

Cicerón decía que "el que sufre tiene memoria". La mayor desgracia de un ser humano es perder el horizonte de su vida y no tener referencias en dramática existencia, olvidando las huellas que han cautivado los pies de millones de hombres y mujeres de ayer, haciendo la vida más llevadera.

Cuando olvidamos la historia y el legado de nuestros mayores el presente se hace de lo más insoportable y las miradas carecen de horizontes lejanos, al tiempo que el corazón no le deja que sufra por la injusticia, verdadero hito en los senderos de la vida y auténtico trampolín para construir una sociedad más fraterna y humana.

39.- La Compasión

" Si supiéramos el ultimo porqué de las cosas tendríamos compasión hasta de las estrellas" gustaba decir a Graham Green.

La compasión y la misericordia son la esencia misma de la vida en Dios y entrar en su dinamismo conlleva llenarnos de esas cualidades eternas que nos hacen más humanos y más vulnerables.

¡Cuántas oportunidades perdemos en la vida cuando nos llenamos de odio y de recelo, ajenos al espíritu del evangelio y del género humano!

¡Cuántas veces ajustamos las cuentas sin misericordia como jueces recalcitrantes que en vez de divisar lo bueno que tiene la persona sólo encuentras miradas para ver lo negativo y llenarte de indignación por los fallos que comete el otro!

En este día, por favor, pide a Dios que te llene de compasión y de misericordia. Te llenarás del Espíritu de Jesús.

40.- Cometer un error

" Todo niño debería crecer con la convicción de que no es una tragedia ni una catástrofe cometer un error" decía sabiamente Maxuel Brand.

¿Quién no se ha equivocado nunca y ha descubierto que sólo equivocándose eres capaz de encontrar la verdad más cierta y auténtica?

¿Quién no ha hilvanado su vida basándose en equivocaciones y caídas existenciales que luego el arrepentimiento y la experiencia han hecho más llevadero el camino y más condescendiente los fallos de los otros?

El niño no debe ser querido por lo bueno o malo que haga, sino por él mismo, aunque debe de descubrir en su vida que el error puede ciertamente llevar a la búsqueda de la verdad y a la esencia misma de la sabiduría.

41.- corazón de juez

Fray Luis de Granada comentaba a menudo: "Los hombres deberíamos tener para con Dios un corazón de hijos, para con los hombres un corazón de madre, y para con nosotros mismos un corazón de juez".

¡Qué razón tenía Fray Luis que invertir estos papeles genera una vida agria que no hace otra cosa que desconfiar de los otros y nos lleva al egoísmo más cierto!

Cuando juzgamos a los demás con un corazón de juez y a nosotros con un corazón de madre puede ocurrir que la balanza se gire hacia el engaño más brutal y no consigamos otra cosa que la desconfianza y el recelo para con los otros.

Cuando el corazón de madre se vuelca hacia la empatía y la comprensión hacia el otro entonces se enciende una estrella en el cielo y un rayo en el corazón.

42.- *Con los pies en la tierra*

"Hay dos cosas por las que un hombre nunca se debe enfadar: por las que puede remediar y por las que no puede remediar" sentenciaba Thomas Fuller.

Debemos recordar en nuestra diminuta memoria que el enfado interior nos invade muchas veces por cosas que no podemos remediar y están fuera de nuestro alcance, y por otras cosas que la paciencia y el tiempo harán remediar.

Ten una mirada profunda y esperanzadora en la historia nuestra que vivimos, que más allá de nuestra existencia, hunde sus raíces más profundas y se lanza irremediablemente hacia el futuro más escatológico, la verdadera recapitulación con Dios.

En este día no caigas en la desesperanza y únete existencialmente a Dios

43.- *"El siempre más allá del tiempo"*

Abbé Pierre confesó en una entrevista entrañable: "Pienso en la muerte con toda sinceridad...Mientras vivimos, estamos rodeados de sombras. Queremos saber, queremos amar, queremos... y topamos con nuestros límites constantemente. Después de la muerte entramos en lo que yo llamo "el siempre del más allá del tiempo". La muerte es el encuentro prodigioso y maravilloso con el infinito, con el Eterno, con el amor".

¡Qué visión tan esperanzadora y tan llena de sentido tenía este creyente y enamorado apasionado de Cristo que afirmaba que la muerte no es el final del proyecto del hombre sino el encuentro prodigioso y maravilloso con el siempre Infinitamente Eterno, la Suma Perfección y Bondad, Dios!

44.- *El perfume de la oración*

Deja que el perfume de la oración invada tu existencia de la certeza que contagia las fibras más íntimas y haga brotar el sentido último de tu vida, el sentido más global que pueda remitir la historia y toda la realidad a Dios, aún aquellas experiencias que son selladas por el vacío y el sufrimiento.

En la oración más auténtica, Dios entra en tu noche y rompe, como la aurora matutina, los huecos más recónditos de la existencia.

En la oración, tu anodina vida se vincula estrechamente a la Omnipresencia de Dios y en un enlace de amor y de sentido hace que cobre importancia y valor más allá de lo imaginable.

En la oración, tu yo entra en contacto con la esencia misma del ser y desde el amor más íntimo hace que vivas tu historia como una historia de salvación.

45.- *La respuesta de Narciso Yepes*

Narciso Yepes, uno de los músicos españoles más importantes de este siglo, declaraba en una entrevista poco antes de morir: "Desde que convivo con la enfermedad, pienso más en la muerte que antes. La voy sintiendo cercana y amiga, en definitiva nada terrible. Sí, me inquieta irme sin haber tenido tiempo suficiente para cumplir la misión que Dios me haya encomendado".

¡Qué sabor más auténtico tienen las palabras de Narciso Yepes cuando cercana su muerte la descubre como una conocida viajera de camino y su mirada más honda está en el encuentro pleno con el Dios de la vida!

¡Cuántas personas se sienten desesperadas y angustiadas por la huella de la muerte en su cuerpo y miran con dolor ese momento penúltimo de la vida!

46.- *No puedo darte nada*

Un hombre llama a la puerta de Abbé Pierre, fundador de las Comunidades de Emaús: "¡Padre, venga! Junto a mi casa, un hombre ha intentado suicidarse. No está muerto todavía".

Era un ex-presidiario. Asesino de su padre. Acababa de cumplir una condena de 20 años en la cárcel. Sin amigos, sin familia, desesperado, había escogido el camino del suicidio.

Abbé Pierre le dijo: "No puedo darte nada. Trabajo de noche por las madres abandonadas, por la gente sin techo, por los niños enfermos. ¿Me quieres ayudar? Antes de matarte, ¿quiéres echar una mano a toda esa gente que te espera?"

Aquel hombre no murió. No se puede morir cuando está todo por hacer, cuando sigue existiendo la única razón para vivir: los otros.

47.- *¿Dónde estabas, Dios?*

Cuentan que un día alguien llegó al cielo, preguntó por Dios y lo llevaron delante de él. Aquella persona le increpó: "Dime tú para qué me ha servido Dios. Toda mi vida trabajando duramente como una esclava, fregando escaleras; mi marido borracho todos los días y cuando llegaba a casa me maltrataba. Mi padre murió siendo yo muy joven dejándonos en la miseria más absoluta y sumidas en una gran depresión. Y luego me dice el médico que mi hijo tenía un tumor en la cabeza. ¿Qué hacías tú mientras tanto, dónde estabas?"

Dios, entonces, llorando y sin poder contenerlo exclamó: "Yo estaba en ti. Sufría contigo, lloraba contigo, sacaba fuerzas contigo, ayudaba a tu hijo contigo, rezaba contigo".

48..- *La risa*

"Todo lo que se hace con risa nos ayuda a ser humanos", gustaba repetir continuamente a Martín Grotjahn.

¡Qué razón tenía Martín y qué lejos se va la risa en nuestra fatigada existencia anodina! A veces, la risa, tan saludable y tan necesaria, se hace tan extraña a nosotros mismos que lo único que nos invade es la tristeza y el sin sentido de las cosas.

Cuando la risa preside nuestras relaciones humanas entonces hay una corriente de sintonía y de alegría que nos hace más humanos y más solidarios con nuestros prójimos.

Cuando la risa brota en nuestras relaciones entonces la primavera entra en nuestro corazón y nos hace más llevaderos los malos tragos de nuestra historia.

49.- *La madurez*

Enrique Rojas afirmaba: "La madurez de la personalidad no puede ser entendida como un destino definitivo, una residencia donde uno llega y se instala y permanece allí. Debe ser vista de un modo bien distinto: nos estamos haciendo continuamente. La madurez es siempre un proyecto mejorable"

Y aquí radica el secreto de la existencia: avanzar hacia la madurez plena y hacia la perfección máxima como Jesús de Nazaret nos recordaba: "Sed perfectos como el Padre celestial es perfecto"

La madurez no está exenta de caídas y tropiezos, y sólo asumiendo un proyecto de perfección nuestro camino se hace cada vez más cierto y más llevadero, abierto a la perfección máxima, Dios.

Por favor, en este día, no te cierres en la mediocridad y ábrete hacia la presencia del Padre eterno, el Dios del amor.

50.- *Las tres vidas de un hombre*

"Un hombre para serlo completamente, tenía que vivir tres vidas y emplear la primera en hablar con los muertos (leer); la segunda con los vivos (viajar) y la tercera, consigo mismo (reflexionar)" comentaba Gracián.

Bien sabemos que la lectura nos reconcilia con la memoria colectiva de la historia y nos une al alma de los mejores hijos de la humanidad, e incluso nos hace rechazar las ideas y las experiencias de otros.

Bien sabemos que los viajes a otras culturas y países dejan en nuestra humana la huella de la relatividad y nos ayuda a tener una mirada universal y planetaria, ajena al fanatismo.

Bien sabemos que la reflexión y la meditación nos hace saborear la vida y nos hace cada día más humanos, más sencillos y más tolerantes.

51.- *Vagabundo de la caridad fraterna*

Raúl Follerau, el Vagabundo de la caridad fraterna, gustaba repetir: "Hombre es mi nombre de familia, cristiano es mi nombre de pila. Amigos, haced el favor de no dudar nunca de la bondad, la compasión, de la que he llamado amor, que salva al mundo".

Este hombre, uno de los cristianos más importantes de este siglo, defensor de los leprosos y los marginados, la voz de los sin-voz en todas las instituciones internacionales, y el gestador de una mirada mundial nueva de ayuda a los leprosos, descubrió que sólo el amor y la compasión son capaces de salvar y liberar al mundo de su egoísmo y de su injusticia.

El Vagabundo de la caridad fraterna sabía que el perdón y la solidaridad eran los únicos caminos para humanizar a este mundo, que conoce tanto de guerras, odios, envidias y marginaciones.

52.- *Vivir sin amor*

"Sería incapaz de vivir sin amor; hacia mí misma, hacia los demás. Hubo un tiempo en que quise encerrarme en mi egoísmo, pero no lo conseguí. Resulta mejor sufrir por amor que convertirse en rama seca, quemada por dentro por la heladora ausencia de sentimientos" comentaba Giuletta Massina, una de las actrices europeas más importantes de todos los tiempos y la actriz predilecta de Fellini.

Cuando el amor se esconde en el baúl de los recuerdos y nos encerramos en nuestro yo, e incluso tememos amar para no sufrir, entonces el vacío existencial calma nuestras debilidades y nos hace cada vez más extraños para con los otros, sumergiéndonos en la nada y en la deshumanización más brutal.

Recuerda que Giuletta Massina se negó a ser como una rama seca, quemada por dentro por la heladora ausencia de sentiminetos.

53.- *El rostro de Jesús*

"El amor ve en el rostro del pobre, del que sufre, y del perseguido, el rostro de Jesús" decía continuamente Raúl Follerau, el vagabundo de la caridad fraterna.

¡Qué bien aprendió Raúl las palabras de Cristo en el evangelio de San Mateo, capítulo 25: "Venid, benditos de mi Padre, a tomar posesión del Reino porque tuve hambre y me disteis de comer, tuve sed y me disteis de beber, fui forastero y me recibisteis en vuestras casas, estuve desnudo y me vestisteis, estuve enfermo y fuisteis a visitarme, estuve en la cárcel y fuisteis a verme" Entonces los buenos preguntarán: "Señor, ¿Cuándo te vimos? ? Y el Rey responderá: "En verdad os digo que cada vez que lo hicisteis con alguno de esos mis hermanos más pequeños, lo hicisteis conmigo" (Mt 25,34b-40)

54.- *Catalina de Siena.*

Catalina de Siena, una de las mujeres más importantes de la Iglesia de todos los tiempos y proclamada doctora de la Iglesia, juntamente con Santa Teresa de Jesús y Teresita de Lisieux, sabía que la esencia misma de la vida cristiana era la unión íntima con Dios, el Eternamente Santo.

Reza con ella esta magnífica oración. : "Eres como un mar profundo en el que, cuanto más busco, más encuentro, y cuánto más encuentro, más te busco. Tú sacias al alma de una manera en cierto modo insaciable, pues... sacias al alma de tal forma que siempre queda hambrienta y sedienta de ti, Trinidad eterna, con el deseo ansioso de verte a ti, la luz, en tu misma luz".

¡Qué bien sabía Catalina que Dios es la paz pero deja la inquietud, el agua que deja sed!

En este día, por favor, únete íntimamente a Dios, Trinidad santa y eterna.

55.- *La caída de los ídolos*

En el año 1986 los obispos vascos lanzaron una magnífica carta pastoral. Decían con una sabiduría divina: " En el corazón del hombre los ídolos tienden siempre a ocupar el puesto de Dios... Cualquier persona, cualquier ideal, cualquier cosa, incluso los más irrelevantes, pueden convertirse en ídolo para el hombre... El ídolo tiende a convertirse en valor absoluto que suscita una devoción total y exige que la vida entera se reorganice en torno a él".

Todos tenemos en la vida muchos ídolos que deben ser quemados y arrojados fuera de nosotros mismos. Ellos nos dominan interiormente y reclaman una devoción absoluta en la misma altura que Dios, el único Santo.

¡No absolutices a nadie ni a nada y abre tu persona a la grandeza de Dios!

56.- El infierno

En una ocasión un grupo de jóvenes preguntó a su profesor y catequista: "¿Existe realmente el infierno?

Entablaron un caluroso diálogo. Unos decían que sí y otros afirmaban rotundamente que no. En medio de tertulia apasionada alguien recordó las palabras de Bernanos: "El infierno, el infierno es no amar"

Ya vivimos en nuestra realidad finita situaciones ajenas al amor y a la misericordia que anticipan ese infierno sin llamas ni calderas, y también degustamos las mieles de la gloria cuando somos amados y saboremos la compasión.

Efectivamente, hay situaciones de infierno en nuestra realidad humana y terrena, lejos de la grandeza del amor.

57.- El maestro de la eternidad

Jesús de Nazaret nos enseña a cada hombre y mujer que viene a este mundo, y se pone en su honda, cómo se puede vivir en toda su hondura esta existencia frágil desde Dios y para Dios como hijos de un Padre que sólo busca nuestra salvación, a pesar de que haya heridas abiertas en nuestro caminar tan oscuro.

Jesús de Nazaret es un maestro de la eternidad que nos libera de nuestras ataduras interiores y nos lanza hacia la vida con los otros y desde Dios. Sin él nuestros llantos y nuestras penas serían más hondas y más desesperanzadas.

¡Vive desde Jesús la vida y contagia tu fe de la sonrisa de Dios!

58.- La empatía

El primer paso en las auténticas relaciones humanas es la empatía, sintonizar con la otra persona y comprenderla interiormente sin juicios ni prejuicios, poniéndose en su lugar y entrando en su mundo interno.

Cuando no entras en la dinámica de la empatía entonces aflora el no entendimiento y la no sintonía con el otro y sus problemas, y sólo brota el rechazo con la crítica demoledora hacia sus ideas, creencias, existencia y sentimientos.

Cuando la empatía sella las relaciones entonces la compasión, la comprensión, la misericordia y la corriente de afecto mutuo prevalecen, y es entonces cuando el calor humano se acurruca en nuestros pechos.

59.- El santuario auténtico

Orígenes, en el siglo segundo de nuestra era, invitaba a vivir como piedras vivas del Pueblo santo de Dios: "Tú que sigues a Cristo y que lo imitas, tú que vives de la Palabra de Dios, tú que meditas en su ley día y noche, tú que ejercitas sus mandamientos, tú que estás siempre en el santuario y nunca sales de él. Porque el santuario no hay que buscarlo en un lugar, sino en los actos, en la vida, en las costumbres. Si son según Dios, si se cumplen conforme a su mandato, poco importa que estés en tu casa o en la plaza, ni siquiera importa que te encuentres en el teatro; si sirves al Verbo de Dios, tú estás en el templo, no lo dudes".

Descubre que el santuario, la presencia viva y perenne de Dios, hay que buscarlo en la vida misma.

60.- Las maravillas del Espíritu Santo

El Cardenal Suenens afirmaba con un optimismo acentuado: "La dilatada historia de la Iglesia está llena de maravillas del Espíritu Santo. Piénsese en los profetas y en los santos que, en momentos cruciales, han suscitado una corriente de gracia y han proyectado sobre el camino un rayo de luz".

¡Qué gran don del Espíritu la cantidad de hombres y mujeres que han sido sobrecogidos por sus siete dones y han lanzado a este mundo hacia la justicia y la dignidad!

¡Qué regalo del Espíritu que en toda generación ha hecho brotar con fuerza la participación de la luz divina a través de hombres y mujeres que han criticado "la ley de la selva" y han creído en la dinámica del amor para este mundo tan poco dado a querer!

61.- La fidelidad de Dios

Creo que Dios será fiel a sus promesas y que de manera inequívoca se manifestará al final de la historia.

Creo que la muerte, la violencia, la enfermedad, la injusticia y el mal serán destruidos para siempre y el poderío de Dios se manifestará a borbotones.

Creo que las víctimas de ayer, hoy y mañana serán consoladas y que la última palabra para ellos no será la tortura, la violencia y el triunfo dominante de sus verdugos.

Creo que Dios se ha manifestado plenamente en Jesucristo, muerto y resucitado, y que su grandeza radica en su debilidad, en su pequeñez, en su silencio y en su destino.

Creo que el final de la historia será desvelado con toda su fuerza desde la promesa cumplida de Dios, el siempre fiel a pesar de su aparente silencio.

62.- Él me mira y yo le miro

El Padre Arrupe contaba esta experiencia hablando de la oración: "Había una muchacha joven japonesa recién convertida que venía a menudo a una capilla. Era una capilla tan miserable que cuando llovía no había suficientes cubos en casa para las goteras que caían. Y aquella joven se pasaba una hora y, a veces, hasta tres horas.

Un día le dije al salir: -"¿Qué haces en la capilla? ¿Rezas el rosario?" Ella contestó: "No". "¿Lees algún libro?" –"No". "¿Qué haces?" –" Orar", comentó ella. –"¿Y cómo oras?" Ella sonriente contestó: -"Me voy al sagrario, me pongo delante de Nuestro Señor: Él me mira y yo le miro, simplemente".

63.- Un obispo especial

Monseñor Oscar A. Romero declaró poco antes de morir asesinado en el Salvador: "He sido frecuentemente amenazado de muerte. Debo decirle que, como cristiano, no creo en la muerte sin resurrección; si me matan, resucitaré en el pueblo salvadoreño.

El martirio es una gracia de Dios que no creo merecer. Pero si Dios acepta el sacrificio de mi vida, que mi sangre sea semilla de libertad y la señal de que la esperanza será pronto una realidad... Mi muerte, si es aceptada por Dios, sea por la liberación de mi pueblo y como un testimonio de esperanza en el futuro. Puede usted decir que si llegasen a matarme que perdono y bendigo a quienes lo hagan.

Un obispo morirá, pero la Iglesia de Dios, que es pueblo, no perecerá jamás".

64.- *Una oración en la trinchera*

En la mochila de un soldado americano, muerto en Africa, se encontró esta oración: "Mira, Señor, yo nunca hablé contigo. Me dijeron que no existías... Pero esta noche, cuando estaba en la trinchera, una bala iluminó la oscuridad y vi tu cielo. Sólo entonces caí en la cuenta de que me habían engañado, al mirar con atención todo lo que Tú has hecho. Oh, Dios, ¿Y si me dieras un apretón de manos? ¿Cómo es posible que haya venido a parar a este infierno sin nunca haberte encontrado?

Yo te amo; quiero que lo sepas. Sabes, Señor, la batalla va a ser tremenda. ¿Y quién sabe si yo mismo no iré a llamar a tu puerta? A pesar de que aquí no hemos sido amigos, espero que Tú mismo me abras. Y, pensando en esto, me echo a llorar: ¡Oh, cómo querría haberte conocido antes! Ahora que te conozco ya no tengo miedo a la muerte.

65.- *Josephine Baker*

Muy a menudo no descubrimos que detrás del artista de la farándula y del cine se esconden grandes personas con grandes gestos y una vida sencilla.

Josephine Baker era una artista negra famosa. Adoptó doce niños de distintas razas y religiones para que convivieran en sus posesiones. Ella creía que la convivencia era posible y que el racismo y el fanatismo pueden ser rotos desde dentro.

Lloraba y sufría intensamente con el dolor y el drama humano. Cantó desgarradamente a beneficio de las víctimas de la guerra del Vietnam, una de las páginas más tristes de la historia de los Estados Unidos en los años 60.

Nunca olvidó sus orígenes humildes. Le preguntaron en una ocasión: -¿Cómo empezó usted a bailar? Y Josephine respondió: -Porque tenía frío.

66.- *Orar en el Espíritu Santo*

Emiliano Tardif, sacerdote canadiense de la renovación carismática, cuenta en su libro "Jesús es el Mesías" una anécdota que nos puede ayudar a reflexionar: "Dos seminaristas fueron a un retiro de Iniciación de la Renovación Carismática. Regresaron tan felices que fueron inmediatamente al Rector a contarle todo lo que habían vivido. Aquel hombre los veía con desconfianza.

De pronto, uno de ellos, le dijo: "Monseñor, ¿no quiere que oremos por usted para que reciba el Espíritu Santo?"

El Rector, un poco enfadado, contestó: "El Espíritu Santo ya lo recibí cuando me bautizaron. Luego el día de mi Confirmación, y además el día de mi ordenación sacerdotal también...

Después de unos segundos de tenso silencio, el otro seminarista añadió: "Entonces, Monseñor, ¿no podríamos orar para que se le note?"

67.- *Una transformación interna*

Cuentan que una chica tenía muchos complejos de inferioridad y todos la despreciaban. Se sentía muy mal y en muchos momentos tenía ganas de suicidarse.

Aquella chica se acercó a la oración. Al principio como evasión, para olvidarse de sus problemas; después fue sintiendo consuelo y serenidad. Finalmente su corazón se sintió grande, acogido y amado.

Muchos días después aquella chica acomplejada pudo sonreír, y se repetía continuamente: En el fondo de mi misma he encontrado la felicidad y me siento amada apasionadamente por Dios, el Totalmente Otro.

68.- *Los buenos no son tan buenos*

Un hombre de 80 años y cargado de una sabiduría natural, campesino por más señas y padre de tres hijos, comentaba a un sacerdote: "Padre, quiero decirle que en mi larga vida, pasando por muchas situaciones, y conociendo a muchos hombres y mujeres de toda condición y en toda circunstancia, he aprendido una cosa con una certeza más allá de toda duda: que los buenos no son tan buenos y los malos no son tan malos. Podría decir que ésta ha sido la enseñanza más fuerte de toda mi vida".

El sacerdote meditó unos minutos aquellas palabras mágicas y grandes, salidas de un hombre cargado de años y de sabiduría. Recordó la parábola del trigo y de la ciñaza en el evangelio. Y supo, en ese mismo instante, que aquel hombre y su maravillosa experiencia no estaban lejos del Reino de Dios.

69.- *Las utopías*

Las utopías son caminos que señalan los grandes sueños de la humanidad. Muchos sueños de hombres y mujeres de ayer son hoy una maravillosa realidad, y ellos sólo vislumbraron con lágrimas y con rabia su lejano triunfo.

Las utopías nos hacen sentirnos vivos y nos lanzan hacia una sociedad justa y fraterna, hacia un "cielo nuevo y una nueva tierra" que más allá de la injusticia y la tortura nos reconcilie con nosotros mismos, con los demás y con el mismo Dios.

Las utopías nos hacen caminar en la dirección adecuada aunque en nuestro camino no encontremos ni la perfección ni la conquista ajenas al fracaso y al desastre.

No olvides que lo contrario de la utopía es el realismo barato y pasivo que nos hace anclarnos en la resignación y en el vacío.

70.- *No a la reencarnación*

El ser humano es único e irrepetible en su propia existencia. Nadie en su propia constitución genética y en su propia combinación vital ha existido, ni existe ni existirá en nuestra larga historia humana, aunque la literatura de los "experimentos clónicos" pretendan cuestionarlo.

Somos únicos e irrepetibles y esta unicidad nos hace rechazar con toda contundencia el fenómeno de la reencarnación.

Siente en este día que eres único a los ojos de Dios y que te invita a unirte existencialmente a Él.

71.- *¡Dios es grande!*

En la película "Memorias de Africa" el sirviente fiel de la protagonista era un hombre de una fe profunda y honda. Hay un detalle especial: Cuando todo le sale mal a la protagonista y comienza a dar voces y gritos, toda histérica, se dirige a él para decirle todos sus problemas. Él la escucha pacientemente y después le dice: "Ama, ¡Dios es grande!".

¡Qué gran respuesta la de este hombre de fe que en medio de las dificultades humanas afirma la grandeza y el poderío de Dios!

¡Qué gran afirmación de este creyente que le hizo ver a aquella mujer que sus problemas, por muy importantes que parecieran, son gotas de agua en medio del mar!.

72.-Una herejía común: El docetismo

En los primeros siglos de la Iglesia, de la misma manera que en cualquier época, asumir que Jesucristo es verdadero Dios y verdadero hombre no ha sido tarea fácil. Surgían por doquier herejías que atentaban contra su misma humanidad.

El docetismo es una herejía que atenta contra la misma humanidad de Jesucristo. Su humanidad no podía ser plena sino sólo una apariencia. Jesucristo si era Dios no podía ser hombre aunque tenía apariencia de hombre. Jesús no lloró, aparentó llorar; no sufrió, aparentó sufrir; no murió, aparentó morir...

¿Dónde queda la redención del hombre si Jesús no era hombre? ¿Dónde está la salvación del hombre mismo si Jesucristo no ha asumido la misma humanidad en su propia constitución existencial?

¿Dónde queda el dinamismo amoroso de Dios para con el hombre si el hombre queda fuera de su propio plan de salvación?

Descubre que Jesucristo es verdaderamente hombre y tu propia historia está sellada en su vida.

73.- La vocación humanista de la Iglesia

El Concilio Vaticano II en su constitución "Gaudium et Spes", número 1 dice de una manera maravillosa: "Los gozos y las esperanzas, las tristezas y las angustias de los hombres de nuestro tiempo, sobre todo de los pobres y de cuantos sufren, son a la vez gozos y esperanzas, tristezas y angustias de los discípulos de Cristo. Nada hay verdaderamente humano que no encuentre eco en su corazón... La Iglesia se siente íntima y realmente solidaria del género humano y de su historia"

¡Qué estupendo manifiesto en favor de la vida y del hombre frente a posturas postmodernas que dejan al hombre en el vacío existencial y en la cuneta de los intereses económicos!

¡Qué gran manifiesto para el cristiano a favor de su reconciliación con la historia humana al decir el Concilio que "nada hay verdaderamente humano que no encuentre eco en su corazón!

74.- *Te amaré más allá de la muerte*

Dios desde el principio del tiempo, cuando las horas no eran marcadas por el reloj y el universo aprendía a armonizar su propia estabilidad, quiso hacer un pacto de amor y de alianza con el hombre, el verdadero rey de la creación.

Dios, que ha preparado todo para que el hombre y la mujer de siempre fueran encontrando su propio destino, incluso al margen suyo, nos ha repetido por medio de los profetas y de mil maneras en la historia de la humanidad que su amor es un pacto de fidelidad y de alianza incluso más allá de la muerte.

Repite en el día de hoy esta máxima: ¡Eres único y única para mí y te quiero como eres! Te amaré siempre, incluso más allá de la muerte!

75.- *Gracias, Señor*

Señor, en esta mañana he contemplado la salida del sol y no me he resistido a no darte gracias.

Gracias, Dios mío, por todo cuanto existe que me hace sentirme vivo, despierto, formando parte de un universo coordinado y armónico.

Gracias, Señor, que me concedes un día más para santificar mis espacios y mis vacíos, mis fragilidades y mis fortalezas, mis dudas y mis certezas, mis cualidades y mis complejos.

Gracias, Dios mío, que haces estallar en esta mañana de alegría inmensa contemplativa ante los rayos de sol que iluminan los secretos de la noche.

Hoy, Señor, en esta mañana te he sentido especialmente admirable y radicalmente grande.

76.- *Gracias por el teléfono*

Gracias, Dios de los mil nombres, por el teléfono que nos hace sentir muy cerca de las personas que están lejos, que nos hace palpar en segundos que la distancia no está en los kilómetros sino en unas miradas con rabia y unos labios mudos.

Gracias, Señor, que nos haces sentir en el día la grandeza de los inventos humanos a favor del progreso y de la calidad de vida.

Hoy, Señor, cogiendo el teléfono he comprendido que el hombre es grande porque participa de Ti, verdadero creador de todo lo que existe.

Hoy, Señor, mirando el teléfono en la sala de estar de mi casa he descubierto con pena que no siempre damos importancia a lo que tenemos.

77.- *Gracias por los jóvenes*

Gracias, Dios mío, por los jóvenes que cabalgan con generosidad y asumen la vida que corre en su cuerpo a borbotones.

Gracias, Señor, que nos haces descubrir que la existencia del ser humano es un dinamismo evolutivo hacia la perfección y el crecimiento, aunque el cuerpo se deteriore al paso de los años.

Gracias, Señor, porque en el combate con la vida los jóvenes eligen la sonrisa, la pasión, el ofrecimiento, la ayuda al prójimo y la bondad.

Gracias, Señor, que haces grande los segundos de cada minuto de nuestra vida aunque nos parezcan que son insignificantes y anodinos.

Hoy, Señor, he recordado ante un crucifijo que "si los jóvenes tiemblan, el mundo se muere de frío".

78.- *La sinceridad*

Un día un joven exclamó que no estaba dispuesto a renunciar a su sinceridad. Repetía continuamente: "La sinceridad me hace sentirme vivo y aunque me genera muchos quebraderos de cabeza no estoy a favor de cambiarla por el silencio rastrero y cobarde, aliado inconfundible del miedo. Prefiero que todo el mundo se ponga en contra mía a renunciar ni un ápice de mi sinceridad. La sinceridad me hace tener una actitud crítica ante el mundo y ante los que me rodean, al tiempo que me lleva a rastrear el camino de la verdad".

Alguien que quería bastante a este chico le comentó: "Está bien que no renuncies a tu sinceridad pero sería bueno que crecieras en prudencia y en saber decir las cosas en el momento oportuno"

79.- *La autoestima*

Desarrolla en el día de hoy el maravilloso don de la autoestima: no tengas miedo a comunicar tus sentimientos y tus pensamientos, acéptate a ti mismo como eres, esfuérzate en escuchar al que tienes a tu alrededor, ten un gran sentido del humor y la necesaria humildad para saber vivir en verdad, saborea las pequeñas cosas que tienes a tu alcance y vive la vida que te ha sido regalada, busca lo positivo que hay en cada persona y encuentra soluciones a los problemas que te depara la vida en vez de quejarte amargamente de ella.

Este día seguro que será un día especial en tu existencia, te lo aseguro

80.- Ser madre

Una mujer en un grupo de reflexión afirmó abiertamente: "Yo soy una madre con tres hijos. En algún momento de mi vida como madre tuve la tentación de querer ser amiga de mis hijos y tratarles en un plano de igualdad, compartiendo mis problemas y mis inquietudes como si tuvieran mi edad y mi madurez. Hoy he descubierto que mi papel de madre es más importante que mi amistad con ellos porque debo ser educadora y acompañante, maestra y guía, amiga y confidente, centinela en la retaguardia y faro en la vanguardia".

¡Qué bien supo aquella madre expresar la gran tentación de muchas madres hoy que para ganarse a sus hijos se ponen a su altura y hacen flaco favor al crecimiento humano de sus propios hijos!

81.-Una gota de agua

En cierta ocasión, un joven entristecido comentó en un grupo de reflexión y formación cristiana:
"Estoy desesperado y abatido, ¿Qué podemos hacer cuando todo está por hacer y la injusticia es tan grande que ni todas las obras de caridad serían suficientes para solucionarla?. Creo que no hay voluntad política ni personal para que se realicen los cambios necesarios".

Hubo un silencio abasallador en la sala. Nadie sabía qué responder, pues en el fondo todos pensaban igual. Sin embargo, el catequista recordó unas palabras de una mujer grande, Madre Teresa de Calcuta: "A veces sentimos que lo que hacemos es tan sólo una gota en el mar, pero el mar sería menos si le faltara esa gota".

Siente como tuyas estas palabras de Madre Teresa y descubre que sin tu ayuda todo queda más desfigurado y más egoísta, encerrándote en tu propio ombligo y en tus propias redes.

82.- *Un enfermo grave*

Un sacerdote visitaba a un enfermo de cáncer que estaba muy grave. Era realmente un hombre creyente y devoto de la Virgen María, la madre de los enfermos. Aquel hombre respiraba y hablaba con dificultad.

El sacerdote no sabía qué decir y cómo romper la tensión que se crea cuando visitas a un enfermo. Los minutos parecían horas y el silencio un aliado de la soledad.

A los pocos minutos llegó la mujer de este enfermo, saludó al sacerdote y dijo: "Padre, nosotros somos creyentes y no hay un solo día que no ofrezcamos la enfermedad de mi marido al Señor. Él la ha ofrecido para que haya más vocaciones misioneras.

Yo en muchas ocasiones me dirijo al Espíritu Santo y le digo: Espíritu, tú eres el impulso y la fuerza. Manda una pizca de tu lumbre y sana a mi marido. Pero Padre mío, que no se haga nuestra voluntad sino la tuya".

Entonces comprendió el sacerdote que en aquella casa había acontecido el maravilloso don de la fe y la entrega al Padre.

83.- *Relación con el Misterio*

¿Acaso en la historia humana los mejores hijos e hijas no están unidos en la esfera de lo religioso y en relación con el Misterio?

Bien sabemos que en nombre de Dios se han realizado numerosas torturas y multitud de asesinatos y abusos a los derechos humanos, pero no es menos cierto que sin Dios el panorama se oscurece y las víctimas de la historia no tienen esperanza ni consuelo en su sufrimiento.

La religión auténtica humaniza nuestros pasos y nos hace sentirnos anclados en una relación radical y cierta, con una mirada hacia el punto omega que más allá de la realidad finita nos hace vislumbrar la grandeza del final y la hondura del presente.

84.- Una vida sin grandes sobresaltos

Manuel Gutierrez Aragón, uno de los cineastas españoles más importantes de la actualidad, declaraba que "Lo normal y lo cotidiano se aprecian más desde la anormalidad".

La verdad que casi nadie está a gusto con su vida y con su destino. El casado añora la vida independiente del soltero y el soltero desea la vida comunitaria del casado. El político desea la tranquilidad del campesino y el campesino añora la vida del hombre que posee un escaño en el parlamento. El que tiene el pelo rizado hace todo lo posible por alisárselo y el que tiene el pelo liso va a la peluquería para rizárselo.

A veces consideramos que la vida del otro es más interesante que la nuestra, y no sabemos que cada uno lleva sus zapatos y anda sus propias pasos.

Tu vida es valiosa a los ojos de Dios, aunque sea una vida sin grandes sobresaltos.

85.- Una oración especial

Señor, en esta mañana, quiero poner mis labios y mi corazón en tu presencia poderosa. Danos hombres y mujeres que sepan soñar despiertos en este tiempo tan pragmático en sus raíces y en sus apariencias.

Danos, Señor de los mil nombres, Dios de nuestros padres, hombres y mujeres que dejen en el armario de su dormitorio los garfios del miedo, que paralizan casi sin darnos cuenta la llama de nuestra libertad, y ponnos alas de perfección en los pies.

Danos, Señor de las promesas, hombres y mujeres buenos que sepan lo que es amar a Dios y a sus criaturas. Hombres y mujeres grandes que tengan fuego en el corazón y lágrimas en sus adentros.

86.- *Lo que muerde las entrañas de los hombres.*

En la novela "Las sandalias del pescador" de Morris West el cardenal Rinaldi, poco antes de ser elegido el papa, un papa eslavo, Cirilo Lakota, comenta que había que elegir un hombre "con corazón suficiente para saber lo que muerde las entrañas de otros hombres y los hace sollozar de noche contra las almohadas".

¡Cuántas veces nos echan en cara a los hombres y mujeres de Iglesia la poca humanidad que corre por nuestras fatigas y la poca sintonía con los problemas que hacen llorar a los seres humanos en la noche oscura de su vida!

¡Cuántas veces recriminan a los que estamos anclados en la divinidad que no somos capaces de compadecernos ni siquiera de aquellos que tenemos al lado y se nos hacen borrosos desde nuestra propia niebla!

87.- *Más grande que tus lágrimas*

Cuando la vida, en ocasiones fatigosa y cansada, te haga llorar recuerda que hay Alguien más grande que tus lágrimas y más poderoso que aquello que hizo estallar en tu corazón la desesperación y el vacío.

Cuando los arpegios de la soledad desean que sean tocados en tu corazón recuerda que Alguien ha sellado tu existencia a la pasión y muerte de Cristo.

Cuando sientas que la vida te ha dejado fuera del tiempo recuerda que Alguien, que está más allá del tiempo y del espacio, ha deseado hablar a tu corazón, y ése es el único diálogo que quiere hacer Dios con el hombre.

Cuando el vaso se llene de problemas reza: ¡Oh, Dios, dame luz para ver, ciencia para saber, y valor para transitar mi camino virgen!

88.- *No seas pasota*

Antonio Machado, uno de los poetas más emblemáticos y más importantes de nuestra lengua, afirmaba: "Los que están siempre de vuelta de todo son los que no han ido a ninguna parte".

El pasota, en el fondo, no es aquel que por haber llegado a un punto de encuentro es capaz de sopesar lo bueno y lo malo, y pasa de esa realidad, sino más bien aquel que reclama su propio pasar de largo porque no ha llegado o teme llegar.

El pasota no aporta nada positivo a la sociedad ni a la historia, muy al contrario, se queda en su propia desesperanza y deja que otros sean protagonistas de su historia que se ha negado a dirigir.

Bien saben muchos políticos y muchos dirigentes que el aparente pasotismo de muchos votantes es la mejor baza para dirigir a las masas sin críticas ni recelos.

89.- *Mejor, imposible*

Jack Nicholson es uno de los mejores actores cinematográficos de la actualidad. Su interpretación en la película "Mejor... imposible" como un escritor maniático, obsesivo, compulsivo, antipático, entrañable le valió el Oscar al mejor actor principal en el año 1998, juntamente con su compañera de reparto, Helen Hunt.

En un momento de la película, Helen Hunt le pide a Jack que le dedique un piropo, y Jack le dice un piropo precioso que le hace hasta llorar: "Tú me haces sentirme mejor persona".

¡Qué maravilla si nos pudieran decir a cada uno de nosotros este piropo precioso todos los que nos rodean!

¡Qué gran vida sería la nuestra si al final de nuestros días pudieran decir: "Pasó por el mundo haciendo el bien".

Trabaja en el día de hoy para hacer el bien y haz con tu testimonio que los demás se sientan mejores personas.

90.- *El amigo sin doblez.*

Cuando el Señor nos concede el regalo de un amigo entonces los pasos inciertos de la vida se hacen más llevaderos y nuestra existencia se ilumina con el don de la compañía íntima que satisface el corazón.

No esperemos un amigo adulador y calculador, ajeno a la verdad y a la crítica. Ya lo decía Alfred de Muset: "Lo malo del amigo es que nos dice las cosas desagradables a la cara; el enemigo las dice por la espalda".

El amigo nos recrimina con la máxima caridad nuestros fallos pero fíate de él cuando te mira a los ojos y te dice verdades como puños.

Dios nos libre de esos enemigos que sonríen en tu presencia y aplauden tus decisiones cuando estás delante pero cuando das la vuelta critican hasta tus calcetines y tus más íntimos propósitos.

91.- *No hay hombre sin tribulación*

Tomás Kempis comentaba que "no hay hombre en el mundo sin tribulación o angustia; aunque sea Rey o Papa".

Esta realidad es tan cierta que olvidarla supone aislarse en la propia evasión y en la envidia más demoledora. Nadie que viene a este mundo está exento de sus propias cruces y de sus propias angustias. Nadie que camina por esta tierra se libra de sus propias fatigas y de sus propios cansancios, ya sea el más humilde de los campesinos o el mayor de los emperadores de la tierra.

Hace años había una telenovela sudamericana muy conocida en nuestro país que llevaba por título: "Los ricos también lloran". ¡Y es cierto que a todos, ricos o pobres, sabios o ignorantes, hombres o mujeres, frailes o seglares, sacerdotes o religiosos, nos acompañan nuestras propias lágrimas y nuestros propios lamentos!

92.- *Dios quiere la diferencia*

En la película "Robin Hook, el príncipe de los ladrones", protagonizada por Kevin Kosner y Morgan Freeman, hay una escena preciosa que puede ayudarnos a reflexionar. Un niño miraba con sorpresa a Morgan Freeman y le preguntó con cierta curiosidad: "¿Te ha pintado Dios?". Morgan le contestó con gran dulzura: "¡Si!" El niño ensimismado le preguntó: "¿Por qué?" Y Morgan le respondió gozosamente: "¡Porque a Dios le gusta la diferencia!

¡Qué bellamente expresó aquel hombre que la diferencia de razas no debe ser contemplada como una amenaza sino como algo bueno querido y deseado por el mismo Dios!

¡Qué gran don si somos capaces de contemplar que ser diferentes no siempre debe ser visto como recelo y rechazo sino como una gran riqueza para la humanidad y un reclamo para conseguir un mundo nuevo acorde con el respeto, la dignidad y la complementariedad.

93.- *Tus hijos son libres*

Una madre creyente que siempre deseó y luchó con todas sus fuerzas para educar a sus hijos en la fe cristiana y en la confianza en Dios estaba exhausta y deprimida. Todos sus anhelos y trabajos parecían haber caído en vacío y en saco roto. Sus hijos caminaban por la senda del agnosticismo, la indiferencia, el ateísmo e, incluso, algunos de ellos habían sido abrazados por la droga y otros vivían desorientados en su propio pasotismo y nihilismo.

Todo por lo que había luchado parecía que se le venía abajo y desconfiaba de Dios. Preguntaba con todas sus fuerzas: "¿Por qué, Dios mío? me tenías que haber ayudado y no dejar que mis hijos se separaran de Ti, con lo que he trabajado para que esto no ocurriera y todo ha sido en vano"

Pero alguien que quería bastante a esta madre le sugirió al oído: "Tus hijos son libres y en esa libertad encontrarán a Dios. No te preocupes aunque ahora los veas tan desorientados".

94.- ¡Qué buena es la gente!

Una religiosa amiga comentaba en una ocasión: "¡Qué buena es la gente! Siempre resaltamos lo malo y los fallos que hay en los que nos rodean pero cuánta bondad y paciencia hay en cada hombre y mujer que conocemos. En esa bondad descubro la presencia de Dios en el mundo, y eso mismo me lleva a tener esperanza en el hombre, que muchas veces se convierte en un "lobo para el hombre!"

Bien sabemos que en los medios de comunicación lo bueno y lo normal no es noticia, pero también existe gente que ayudan a transformar esta realidad en una sociedad más justa y fraterna, y que no ver esto es cargar en el otro nuestras propias dudas y debilidades, al tiempo que acentuamos una visión deformada de la realidad.

Hoy, por favor, te pediría que sepas ver lo bueno que hay en cada persona que te rodea y no te ancles en tu propio mal.

95.- Me he quedado exhausto

Un amigo comentó amargamente: "Mi incursión en el mundo de los negocios me ha dejado exhausto y vacío. Ya no confío en los hombres. Yo creí que el alma humana tenía otros pozos y más nobleza pero he descubierto que la competencia y el afán de dinero son los motores que mueven a muchos seres humanos y sólo por eso luchan y son capaces de estrangular, matar, robar, mentir, engañar y destrozar las mejores amistades y los mejores ideales".

¡Qué pena la amargura de este amigo que comenzó con gran ilusión y quiso vivir su vocación cristiana seglar como un esfuerzo de transformar este mundo según el evangelio y terminó en la desesperanza y en la crisis más amarga!

¡Qué lástima que este mundo económico deje a los mejores hijos de una generación en las garras de la competencia y fuera de los cánones del altruismo y la solidaridad!

96.- Hans Küng: ¿Por qué permanezco en la Iglesia?

Hans Küng es probablemente uno de los teólogos alemanes más importantes y ha tenido una postura crítica con la jerarquía y la Iglesia. En cierta ocasión le preguntaron: ¿por qué sigue en la Iglesia y en el ministerio sacerdotal? Y Küng contestó: " He recibido demasiado en la comunidad de fe para poder defraudar ahora a aquellos que se han comprometido conmigo. ... No renunciaré a la eficacia en la Iglesia. Las alternativas –otra Iglesia, sin Iglesia- no me convencen... ¿No sería más emocionante, interesante, exigente –a pesar de todo- y finalmente más reconfortante y fructífero luchar por un "cristianismo con rostro humano" en esta Iglesia concreta, en la que al menos sé con quién me comprometo?... Mi respuesta decisiva sería: permanezco en la Iglesia porque el asunto de Jesús me ha convencido, y porque la comunidad eclesial en y a pesar de todo fallo ha sido la defensora de la causa de Jesucristo y así debe seguir siendo".

¡Magnífica respuesta de Hans Küng! ¡Por favor, te invito a que tú también afirmes que sigues en la Iglesia porque la causa de Jesucristo te ha convencido!

97.- Gracias, Señor, por el coche

Gracias, Señor, por el coche que nos hace sentir que las distancias no son motivo para no conocer las maravillas de la naturaleza y la grandeza de los mejores hijos de ayer que dejaron plasmados su ingenio y su arte en Iglesias, museos, palacios, plazas y calles.

Gracias, Dios mío, por el coche, invento del hombre para el hombre, que a pesar de la contaminación y el ruido nos hace comprender que sin él la vida nuestra sería impensable.

Gracias, Señor, por las carreteras, arterias vivas por donde caminamos, a veces sin sorprendernos de las grandezas de la creación, pero que ellas nos ponen en contacto con otras culturas, con otros pueblos y nos hacen sentir que las distancias en el espacio no son impedimentos para saborear la vida.

98.- *He susurrado al viento: te quiero*

Dios es el amor con mayúsculas y la esencia misma de la vida. Cada uno de los humanos somos "su debilidad" y la razón de su amor para con el mundo.

Dios ha pintado tu nombre en las paredes de la luna y ha susurrado al viento que te quiere y desea hacer una historia de amor contigo, una aventura de salvación con tu vida. Él ha donado a la historia de un deseo de sentido que va desde tu existencia hasta lo último creado para que tú seas feliz y consigas que el mal sea triturado y vencido.

Dios es el susurro del viento que consigue levantar al hombre de su vacío existencial y lo lanza hacia su propia rebeldía contra todo lo que destruya la vida y la realidad más plural y diversa.

Dios es el aliento que suspira por un mundo más solidario y más justo sin que al menos los vendavales sean capaces de arrodillar al hombre en su propio barro y resentimiento.

99.- *Una isla desierta para llevarse tres cosas*

En una reunión de jóvenes alguien exclamó: "Me gustaría saber qué tres cosas os llevaríais a una isla desierta de todo lo que tenéis". Se hizo un silencio grande y todos empezaron a escribir tres cosas que fueran capaces de llenar la vida en todas sus dimensiones.

Un joven del grupo dijo: "yo me llevaría un ordenador, una guitarra y un teléfono. Un ordenador para trabajar y conectarme con todo el mundo por medio del Internet; una guitarra para sentir en mis dedos la esencia misma de la música y el canto para llenar mi alma de alegría y un teléfono para sentir que no estoy solo y que más allá de mi soledad tengo a seres que me recuerdan y me llaman a menudo".

¡Qué bien sabía ese joven que la comunicación es lo que hace sentirnos vivos y nos lanza más allá de nuestra soledad y nuestros vacíos!

100.- No tengo ánimo de vivir en este mundo

Algunos hombres y mujeres afirman que este mundo es el mejor de los posibles y la aspiración máxima de la realización humana. Miran con recelo todo deseo de cambio y de transformación, y niegan todo sueño de la humanidad y toda utopía humana ya sea escatológica o secular.

El Superior de la comunidad jesuita de la película de la "Misión" tiene un diálogo sorprendente con el hermano Rodrigo Mendoza: "Si la fuerza es lo que vale no hay lugar para el amor en el mundo. Puede que así sea, pero yo no tengo ánimo de vivir en este mundo".

Si este mundo es la máxima aspiración para el hombre, un lugar de infierno y de guerra, donde los padres cogen las armas mientras los niños lloran de hambre y suspiran un trozo de pan, entonces repite con este religioso: "No tengo ánimo de vivir en este mundo".

Mira más allá de las nubes y suspira un "cielo nuevo y una tierra nueva" que dé fundamento al deseo de cambiar este mundo.

101.- El desequilibrio de una realidad asumida

Dejadme soñar despierto un mundo nuevo donde brille la justicia y la paz, y no me pidáis que me instale completamente en este mundo tan poco dado a querer y a suspirar.

Dejadme creer en la misericordia de un Dios que mirará compasivamente el alma de los débiles y los marginados, sin que al menos deje de recorrer de parte a parte para buscar algún humano que deje su egoísmo por unas alas de caridad.

Dejadme divisar en lo más hondo de mis aposentos una pizca de divinidad que grite desde la noche al día los gritos de los más nobles hijos de la humanidad que dijeron no a la violencia y gestaron, casi sin notarse, un mundo más humano y más justo,

¡Por favor, dejadme una herida abierta y no os dejéis instalar definitivamente en esta realidad tan vieja y tan caduca!

102.- La Iglesia que se remonta a Cristo

El político O´Comnell, líder irlandés que luchó contra la tiranía de Inglaterra en Irlanda y ansió la independencia de su país, fue criticado y tachado de "papista" en el parlamento. Entonces O´Comnell respondió: "Pretendéis molestarme con esa palabra y me hacéis un honor. Sí, me glorío de ser papista, porque papista quiere decir que mi fe se remonta hasta Jesucristo, mientras que la vuestra no pasa de Enrique VIII y de Isabel. Papista quiere decir que estoy en la Iglesia fundada sobre la roca de Pedro contra la cual no prevalecerá el infierno".

¡Qué bien sabía O´Comnell que el Papa perpetúa en la historia de la Iglesia y en la historia de los hombres el callado de Pedro, el pescador!

¡Qué bien sabía este líder irlandés que la Iglesia católica es la Iglesia madre y la que nos une con la Iglesia primitiva e incluso con las mismas huellas de Jesús.

103.- Escoger el mal camino

Taylor Hackford es un director de cine importante. Sus películas son vistas por millones de personas en todo el mundo. Su último éxito de público ha sido la película "Pactar con el diablo" en la que ha unido a dos de los más importantes actores de sus generaciones respectivas, Al Pacino y el joven Keanu Reeves.

Taylor en una entrevista señala que ha querido expresar en la película que "cuando la gente utiliza su libre albedrío, escogen el mal camino en nueve de cada diez ocasiones".

¡Qué bien ha mostrado este director que somos libres para elegir entre el bien y el mal, y que la mayor parte de las ocasiones escogemos aquello que perjudica a nuestra persona y a los que nos rodean!

Recuerda las palabras de San Pablo en la carta a los Romanos: "Puesto que no hago el bien que quiero, sino que obro el mal que no quiero. Y, si hago lo que no quiero, no soy yo quien lo obra, sino el pecado que habita en mí" (Rom 7,19-20).

104.- Tirar la primera piedra

Jesús de Nazaret era trementamente sorprendente en su vida pública. Él acogía a los pecadores y marginados como un gesto revolucionario de que Dios estaba de su parte y que había esperanza para ellos.

En cierta ocasión, cuando todo el peso de la ley atentaba contra una mujer adúltera, Él lanzó contra una multitud que la condenaba unas palabras de fuego, que paralizaron sus corazones y petrificaron sus deseos de venganza: "Aquel de vosotros que esté libre de pecado, que le tire la primera piedra" (Lc 8,7b).   El relato evangélico nos dice que se marcharon uno tras otro, comenzando por los más viejos.

También hoy tú puedes sentir en tu vida, en ocasiones repleta de miserias, que las palabras de Cristo se repiten en tu historia y que no debes de juzgar sin misericordia a nadie, porque tus propios juicios se pueden volver contra tu propia existencia.

105.- Si obra bien Dios le bendecira

No olvides que el aroma de la felicidad radica en hacer las pequeñas cosas de la vida con una pizca de conocimiento y un gran deseo de amor. Cuando las obras las hacemos bien, sin conciencia mala, entonces la bendición de Dios, que aflora invisible en los arpegios del viento, aterriza en los huecos de las personas y la llama encendida de la soledad se esfuma como la niebla en una mañana de sol.

La vida no necesita de grandes satisfacciones ni sobresaltos que rompan lo cotidiano, sino más bien personas admirables que se entrecrucen en tu vida y hagan de esos momentos espacios mágicos de comunicación y de diálogo que te ayuden a mirar a las personas con esperanza y con optimismo.

Cuando te esfuerces en hacer el bien recuerda que nadie ha llegado tan lejos al corazón de Dios y estás cerca del Reino de los Cielos.

106.- *No hay que tomarse una botella*

"Ya no necesito beberme una botella para pasármelo bien, mis hijas me han alejado de los excesos del principio de mi carrera. Recuerdo que cuando trabajaba de barman, cada noche era una juerga e íbamos tan encocados que casi no podíamos cerrar caja. Ahora me divierto de otro modo" comentaba recientemente Bruce Willis.

¡Cuántas personas necesitan un exceso de alcohol para sentir en sus venas que están vivos y si no se alían con la bebida parece que no tienen estímulos para divertirse ni para encontrar emociones fuertes en la existencia!

¡Cuántas personas se acurrucan en las redes del alcohol y las drogas, y en el fondo no hacen otra cosa que ahogar sus propios deseos de cambio y ahogarse en sus propias pasiones, atrayendo hacia su persona la fuerza del mal y las puertas del infierno!

107.- *¡Hay lo que hay!*

Los hombres que se niegan a ver más allá de las apariencias y se niegan a las creeencias y a los mismos sueños atentan contra la misma dignidad del ser humano, que siempre ha soñado más allá de su propia pequeñez y ha mirado más allá de lo que simplemente palpa y toca.

Afirmar que más allá de lo que experimentamos no hay nada es negarse a la esencia misma de la sabiduría y a fin de cuentas anclarse en la resignación, al margen de cualquier deseo de cambio.

Cuando algunos afirman que la postura agnóstica es la mejor, aquella que no se cuestiona preguntas últimas de la vida y el mismo sentimiento religioso lo considera inútil, hay que afirmar que no sólo se niegan a la evidencia de la misma andadura prehistórica e histórica de la humanidad sino que atentan contra el sentido último de los sentimientos.

108.- Yo confieso

Cuando sientes en las fibras interiores la misericordia divina para tus obras, palabras, omisiones y actitudes entonces entra la llama encendida de la sonrisa a tu vida, en ocasiones repleta de vacíos.

¡Cuántas personas han alcanzado el grado óptimo de la reconciliación interior con el mundo y con ellos mismos cuando se han acercado, desde un clima profundo de conversión, a un sacerdote y han sentido que el perdón es posible, que su vida andrajosa es valiosa a los ojos de Dios y que levantarse es más importante que caer!

¡Cuántas personas han descubierto que la esencia misma de la vida de fe es anclarse en el perdón, sentir la compasión en su vida narrada y encontrar la grandeza emocionada de unos brazos invisibles que le abrazan más allá del pecado!

109.-Himno a la caridad de San Pablo

San Pablo recordaba a los cristianos de Corinto que la caridad es mayor que la fe y la esperanza en el camino del seguimiento cristiano.

Enumera las características básicas de la caridad, y que tú puedes hacer tuya en este día: "Es paciente, servicial; la caridad no es envidiosa, no es jactanciosa, no se engríe, es decorosa; no busca su interés; no se irrita; no toma en cuenta el mal; no se alegra de la injusticia; se alegra con la verdad. Todo lo excusa. Todo lo cree. Todo lo espera. Todo lo soporta" (1 Cor 13, 4-7).

Pero recuerda en este preciso momento que la caridad cristiana brota de un convencimiento profundo: Tú amas porque Dios ha salido a tu encuentro y te ha amado primero.

110.- *Cuando reces coge el breviario y el periódico*

Cuando ores al Dios de nuestros padres coge el breviario, un ramillete de salmos que han sido el consuelo y la oración de millones de personas a lo largo de toda la historia de Israel y la vida misma de la Iglesia, respaldada por el gran orante, Jesús, y pon la confianza en el Señor.

Si sufres reza un salmo, si estás contento lee un salmo, si quieres dar gracias recita un salmo, pero siempre ten a mano un periódico, esas noticias que son el recetario de la historia, y recuerda que la historia de la salvación no está lejos de la historia humana, y que Dios se manifiesta en los acontecimientos, tanto internacionales como personales, y allí mismo anida el secreto mismo de la vida del hombre con Dios.

Si Dios te concede este día el discernimiento de espíritu y eres capaz de interpretar la vida desde Dios entonces alégrate de haber recibido el mayor de los dones y la grandeza de los profetas.

111.-*Una sabiduría grande*

Isócrates decía que "el sabio se acuerda de lo pasado, goza de lo presente y prevé de lo futuro".

¡Qué bien supo conectar este filósofo la temporalidad en la misma esencia de la sabiduría, tentada siempre a olvidarse del pasado, suspirar el futuro y arrinconar el presente!

Si quieres en este momento poner en tu corazón los cimientos que te hagan crecer en la sabiduría entonces vive con garra esta máxima de Isócrates y vive el momento presente, sin olvidarte del pasado, porque sólo las semillas de ayer son frutos mañana, y sólo el que siembra bien recogerá, a pesar de los contratiempos, la cosecha.

No intentes suspirar el futuro y olvidarte del pasado, porque entonces serás alguien que no vive su vida y la añoranza del futuro te dejará anclado en tu incertidumbre y tus propios refugios.

112- Las negaciones de Pedro

Pedro, el pescador, fue uno de los discípulos predilectos del Señor, sobre el que edificó la comunidad cristiana, confirmándolo en la fe y diciéndole que "sobre él edificaría su Iglesia".

Pero Pedro era débil y lo confesó abiertamente cuando fueron redactados los evangelios. Ahí radica la grandeza de los seguidores del maestro que supieron reconocer que ninguno estuvo a la altura del momento, como muchas veces no estamos ninguno de nosotros.

Pedro en el palacio real, delante de una criada y un mozo de palacio, negó profundamente al Maestro, a su amigo, con el que había compartido tantos momentos agradables e íntimos. Pero Pedro, que nunca olvidó aquellas negaciones, supo que sus lágrimas eran la paga de ese desprecio y que su martirio sería el sello de su compromiso.

No quiso morir como el maestro, sería atentar contra la cruz que salva, pero de cabeza hacia abajo supo que sus negaciones eran superadas por la fe y el arrepentimiento.

117.- Tú tienes tus propios sueños

Tú eres grande en tu pequeñez y desde tus sueños puedes comprender que nadie te arrebatará los arpegios interiores que lanzan llamaradas sobre la árida existencia.

Tú eres tan magnífico como tus sueños y sólo tus sueños condicionan tus pasos y tu anodina existencia. Si sueñas que el mundo puede cambiar entonces tus pasos se encaminarán a poner un grano de arena en la construcción de una sociedad más justa y fraterna. Si sueñas que tú has nacido para ser grande tus motivaciones e intereses irán a beber de la fuente que mana el conocimiento y lucharás con todas tus fuerzas para superar la mediocridad y aspirar a lo perfecto.

No te encierres en tus propias pasiones y ábrete a la grandeza de los sueños.

118.- *La enseñanza de Natán*

Natán era un gran profeta en tiempos del rey David y el rey había cometido un gran pecado: adulterio con Betsabé y mandar a Joab que pusiera al marido de ésta, el hitita Urías, en el frente de la guerra en el sitio más reñido y que se retiraran dejándolo solo para que fuera asesinado en el campo de batalla, con intención de casarse con Betsabé.

Y Natán recriminó maravillosamente a su rey: "Había dos hombres en una ciudad, el uno era rico y el otro era pobre. El rico tenía ovejas y bueyes en gran abundancia; el pobre no tenía más que una corderilla, sólo una, pequeña, que había comprado. Él la alimentaba y ella iba creciendo con él y con sus hijos, comiendo su pan. Vino un visitante donde el hombre rico, y dándole pena tomar su ganado, tomó la ovejilla del pobre y dio de comer al viajero llegado a su casa".

David se encolerizó y dijo: "¡Viva Dios, que merece la muerte el hombre que tal hizo... Entonces Natán dijo a David: "Tú eres ese hombre..." (II Sam 12, 1-15)-

119.- *Reconstruye mi Iglesia*

San Francisco de Asís gustaba de rezar en una Iglesia estupenda, pequeña, pobre, hecha de piedras en el Rio Torto, llamada San Damián. San Damián tenía unas grietas considerables en las paredes y en el techo. En realidad, la Iglesia estaba en ruinas, y en ella pendía sobre el altar, colgado, un estupendo crucifijo de madera de estilo bizantino.

Un día, observando el crucifijo, tuvo la impresión de que movía los labios, y oyó una voz que le decía: "Francisco, repara mi casa que, como ves, está completamente en ruinas".

Aquellas palabras estuvieron presentes en la vida de San Francisco desde entonces como unas palabras mágicas que le llevaban a reparar no sólo la Iglesia de San Damián, sino la Iglesia de Jesús extendida hasta los confines del mundo.

¡Siente estas palabras en tu vida y como cristiano recuerda que Jesús te llama a reparar su Iglesia!

120.- *dioses de barro*

Cuando el hombre absolutiza a personas y cosas entonces surgen dependencias patológicas que rompen la armonía de la perfección y nos anclamos como parásitos en la idolatría.

Cuando idolatramos a las personas entonces nadie puede verse libre de las ataduras invisibles del escándalo y tememos con estupor que alguien al que hemos idolatrado tenga defectos y algún que otro fallo.

Si tú no eres capaz de reconocer la vulnerabilidad de los humanos y solamente reconoces como absoluto al Dios invisible, el Totalmente Otro, el único Santo, sabrás que te anclarás en la medianía y que tarde o temprano te defraudarán los que has ensalzado y solamente irás en busca de dioses de barro, que nada te comprometan, nada te inquieten y nada te exijan.

Sólo entonces descubrirás que el camino que elegiste estaba desde el principio equivocado, y que alguien te susurró al oído: "Amarás al Señor, tu Dios, con todo tu corazón, con toda tu alma y con toda tu mente" (Mt 22,37).

121.- *El asombro en la montaña*

La esencia de la vida consiste en mirar las mismas cosas de maneras diferentes y contemplarlas desde posiciones diversas. El águila divisa la tierra desde el espléndido cielo, mientras la serpiente serpea la tierra sin mirar mucho hacia el horizonte.

Sube a una montaña y contempla la grandeza de la naturaleza, y allí verás que tu mirada es pequeña y, en ocasiones, andariega.

Súbete a la montaña y reza el salmo 8: "¡Señor, dueño nuestro, qué admirable eres tú en toda la tierra! Ensalzaste tu majestad por encima del cielo con la boca de un niño de pecho... Cuando contemplo el cielo, obra de tus dedos, la luna y las estrellas que has creado, ¿qué es el hombre para que te acuerdes de él, el ser humano para que te ocupes de él?....¡Señor, dueño nuestro, qué admirable eres tú en toda la tierra!

122.- *El miedo a escandalizar a los niños*

La película "Breaheart" de Mel Gibson es una película excepcional que ganó en aquel año un puñado de oscar. Relata la historia de un lider escocés que lucha contra la tiranía inglesa, y que al final muere asesinado como enemigo del estado.

El protagonista, Breaheart, se niega a pedir clemencia y arrepentirse de su lucha contra la tiranía por miedo a escandalizar a los niños. Él afirmaba que si pide clemencia todo por lo que había luchado se desvanecería y al final todo habría sido un fracaso.

¡Qué grandeza la de este líder que por miedo a no escandalizar prefiere la muerte, y una muerte tremenda!

¡Cómo resuenan en nosotros las palabras de Cristo: "Al que escandalice a uno de estos pequeños que creen en mí, más vale que le cuelguen al cuello una de esas piedras de molino que mueven los asnos, y le hundan en lo más profundo del mar... ¡Ay de aquel hombre por quien el escándalo viene!" (Mt 18,6-7)

123.- *No al suicidio*

Tu vida es valiosa a los ojos de Dios y nadie tiene derecho a eliminarla, ni siquiera la propia persona.
Cuando descubres que tú eres más importante que tu salud y tus cualidades, más grande que tus acciones y tus títulos académicos, más fuerte que los lazos que te unen a las personas y a la tierra, entonces puedes decir que el suicido atenta contra el valor prioritario del ser humano.

Cuando sabes que hay personas que cuidan a parapléjicos y que a pesar de vivir la enfermedad más dura saben que es un regalo del que tienen que dar cuentas, entonces anida en su corazón un sentimiento religioso de lo más correcto y escriben con la pluma más rudimentaria no a todo lo que destruya la vida, aunque parezca inútil e incierta.

Cuando tienes el convencimiento que el ser humano es irrepetible y que nadie tiene derecho a talarla, entonces sabes que el suicidio, aunque sea un reclamo deseado en un momento de crisis, no es el suspiro de una humanidad cada día más realizada.

124.- *Un poco de levadura evangélica*

Una mujer se quejaba abiertamente de su enfermedad y se preguntaba inquieta por qué Dios la había castigado con aquella enfermedad. Repasaba continuamente su vida y le parecía que era injusto tener aquella compañera de camino que la torturaba y la limitaba en sus posibilidades.

Un cristiano la visitó y cuando la mujer comenzó con aquellas argumentaciones le sugirió: "Señora, la enfermedad no es un castigo de Dios, sino una oportunidad para que usted se purifique desde la debilidad y la humildad. Jesucristo no tenía pecado y sin embargo pasó por una muerte cruel, y todo ello para que tengamos vida en abundancia. Usted no crea que su enfermedad es el efecto de algo malo que ha cometido en su vida, sino más bien para que se manifieste la gloria de Dios y desde su pequeñez pida protección a Dios".

Aquella mujer comprendió en ese momento que su alma engrandecía a Dios y serenó su espíritu con aquellas palabras de fuego.

125.- *Gracias, Señor, por el bolígrafo*

Gracias, Señor, por el bolígrafo que pone figura a los sentimientos y pensamientos del hombre y deja enmudecido al vacío.

Gracias, Señor, por el bolígrafo, ese compañero diminuto en el bolsillo de la camisa pero que sin él un momento de inspiración o el miedo al olvido serían terribles.

Gracias, Señor, por este invento que con un poco de tinta y con la suavidad del viento hace que nuestros pensamientos no se ahoguen en nuestro interior y nuestros sentimientos plasmen casi sin notarse la grandeza de un poema o la grandeza de unas palabras de fuego.

Gracias, Señor, por el bolígrafo que hace comprender a los humanos que somos diferentes del resto de los animales, precisamente por ser gestadores de cultura, creadores de la escritura.

126.- *Volar por encima de la mediocridad*

La mediocridad se instala en ocasiones en el alma de los humanos y difícilmente arrancamos el vuelo hacia la perfección, verdadera meta de nuestra existencia.

La mediocridad no sólo nos deja pasivos en nuestra pobreza sino que deja a nuestras cualidades atrofiadas y calladas, seguros en nuestra ignorancia y satisfechos en nuestros arpegios.

¡Cuántas veces la mediocridad nos hiela sin remedio y nos sumerge en las más diminutas metas, que no son más que nuestra familia de sangre y el apego a nuestras pequeñas cosas!

¡Cuántas veces la mediocridad nos divide por dentro y nos ciega en nuestra comodidad y pereza, sin oír en el más profundo centro aquellas palabras de Cristo que llevaron a hombres y mujeres a romper con ella y lanzarlos a metas imperecederas: "Vosotros, pues, sed perfectos como es perfecto vuestro Padre celestial" (Mt 5,48).

127.- *Dios y la soledad*

Ingmar Bergman ha sido probablemente uno de los directores de cine más importantes de todos los tiempos. Sus películas se cuentan entre las mejores del mundo del cine. Él comentaba a menudo que "mis temas son siempre Dios y la soledad. Busco a Dios constantemente, rabiosamente, porque sin Dios la vida no tiene sentido y desemboca en la más espantosa soledad".

¡Qué bien sabía Ingmar que negar a Dios de la existencia humana lo único que acarrea en el hombre es sumergirlo en el sin-sentido y que la soledad sea probablemente el mayor de los problemas existenciales y el mayor temor para el hombre postmoderno!

Comprende que una de las causas que lleva al hombre a entrar en la esfera religiosa es la búsqueda de sentido a su vida de manera global y buscar en el Eternamente Otro la alternativa que lo saque de su soledad y lo integre en el trato íntimo de amistad con Dios.

128.- Más grandes que el amor

Dominique Lapierre escribe en su libro "Más grandes que el amor" una maravillosa experiencia de las hermanas de Madre Teresa de Calcuta, que atendían a enfermos de Sida en Nueva York.

Una mañana, en la capilla, una de las monjas se echó a llorar durante la oración: "No puedo más. No se nos pide que cuidemos a leprosos ni a moribundos, sino a verdaderos monstruos. Parias malditos de Dios, castigados por sus pecados. Amarlos y respetarlos es superior a mis fuerzas".

Sor Paula la abrazó, le enjugó las lágrimas y trató de calmarla: "Precisamente porque Dios les ha castigado, nosotras debemos ofrecerle sus sufrimientos y los nuestros".

Entonces intervino Sor Ananda: "Estos hombres no son unos monstruos ni pecadores. No son más que víctimas. Yo viví la esclavitud de algunos de ellos, yo conocí su degradación física y moral. Yo fui insultada como lo han sido muchos de ellos. No, hermana, su enfermedad no es un castigo sino la prueba de que Dios les ama, como me amó a mí, como te ama también a ti, en tu aflicción".

129.- La vida no es para los cobardes

Quiero recordarte, amigo mío, que construir la vida es lo difícil. Saborear la vida a borbotones y comprender que superar el desánimo cada mañana para volar más allá de la medianía son los mayores arpegios de una vida llamada a ser vivida.

¡No, amigo mío, construir la vida es lo verdaderamente difícil! Puede que morirse sea lo más fácil y destruir sea lo más llevadero, pero dejar que el discernimiento de espíritu entresaque de la vida lo bueno y seguir caminando por la senda tortuosa en un camino pedregoso y fatigado puede que sea lo más arriesgado y difícil.

Sonreír cuando tu vida se rompe a trozos y las lágrimas se depositan en los arpegios de tu historia es lo más difícil de asimilar pero lo más grande de realizar.

130.-Os devuelvo lo que os pertenece

Y dijo el profeta a los soberbios: "Vosotros sois los extraños del amor, aquellos forasteros que han ahogado su centro en el orgullo y el amor propio desmedido. Sois los humanos que miráis al espejo día y noche para buscar una cualidad en vuestra vida que os haga arrogantes y no sois capaces de mirar al otro con ojos de misericordia y compasión.

Vosotros sois la demostración más viva de que el orgulloso jamás persevera en el amor maduro y auténtico, y solamente anidáis en vuestros adentros las armas de la ira y del enojo.

¡Ay, vosotros, que estáis tan lejos de la humildad más manifiesta y os ahoga vuestro propio ego con unas cuerdas invisibles y fuertes, pero llegará el día en que todo quede descubierto y os venza el amor y la misericordia!

¡Ay, vosotros, que seréis vencidos y entonces el aroma de la risa se anclará en el corazón de todos los hombres y vendrá a posarse la paloma de la paz con una corona de victoria!

131.-María, Madre nuestra

Madre Teresa de Calcuta fue una mujer carismática en el siglo XX y una de las cristianas católicas con mayor renombre mundial, premio nobel de la Paz, rezaba con frecuencia: "María, amadísima madre mía, dame tu corazón tan bello, tan puro, tan inmaculado, tan lleno de amor y humildad, de modo que yo pueda recibir a Jesús como tú lo hiciste e ir solícita a dárselo a los demás".

Invoca a María, la madre de Dios y madre nuestra, la madre de la Iglesia, modelo de caridad y de fe, verdadero ejemplo de santidad y prudencia, para que ella te lleve verdaderamente a su Hijo Jesucristo, la Palabra eterna del Padre, el auténtico sentido último para la vida de los hombres.

Descubre las cualidades de María y recuerda que ella es paradigma de cómo abrirse al Misterio y refleja la pureza de un alma que se abre en su libertad para avanzar la historia humana hacia cuotas eternas.

132.- *Luchar contra la indiferencia*

Verdaderamente lo que corroe los cimientos del hombre y lo lanza al vacío no es la pregunta inquietante que se cuestiona en su noche el más allá de lo real y si acaso la creencia en Dios no sea nada más que un espejismo, sino la indiferencia que no alborota el alma ni por el sufrimiento ni tan siquiera por sus miedos.

No pienses que la indiferencia es la mayor meta de la sabiduría del hombre. Al contrario, la indiferencia lo único que hace es mirar la historia desde la orilla del pasotismo y arrincona las grandes preguntas existenciales, que han sido el palpitar y las cuestiones vitales de todos los humanos con inquietud, a la altura de un absurdo y no deja que el alma humana se inquiete por momentos en sus dudas.

¡Por favor, en este día, lucha con fuerza contra la indiferencia y no te niegues a cuestionarte aquellos interrogantes que son el pulso de tus combates y el aroma de tus sueños!

133.- *teología narrativa*

Leer la historia desde Dios es el reto de todo creyente que quiere anclar su alma desde los lazos de la fe. Por eso, precisamente por eso, toda teología es narrar las maravillas de Dios en la vida propia y en la ajena.

Leer los acontecimientos desde la confianza en Dios, incluso en la periferia del dolor y del sufrimiento, a los ojos de Cristo crucificado, será el clamor más certero de nuestro espíritu que nos lance más allá de nuestros miedos y nuestros vacíos, sabiendo que la vida sin Dios carece de fuerza y de sentido.

Leer la vida desde Dios hace que cuentes a los demás tu propia historia y esta narración haga posible la memoria colectiva de tu familia, de tu entorno y de la Iglesia local.

Leer la historia desde Dios te afirmará que los verdugos no serán la palabra última a esta historia áspera y que las víctimas encontrarán justicia, aunque ahora traguen sus lágrimas.

134.-Las víctimas del campo de concentración

Elie Wiesel, premio nobel de la paz y víctima de los campos de concentración comentaba en cierta ocasión: " En mi primer encuentro con François Mauriac, le dije que los niños judíos en los campos de concentración nazis habían sufrido más que Jesús. Mauriac no pudo contener las lágrimas. Lloró de pena. No contestó nada como era normal".

Los cristianos sabemos que todas las víctimas de ayer, hoy y mañana encontrarán una palabra de aliento y el sentido último a su sufrimiento. No piensa que Jesucristo sea el hombre que más ha sufrido en la historia humana, sino el que ha ofrecido su muerte por la salvación del hombre y ha dado a su muerte un valor redentor.

¿Qué podía responder François Mauriac a Elie Wiesel que le pudiera convencer en su queja existencial? Sólo respondió unas lágrimas compasivas y solidarias que hizo comprender a Wiesel que aquella página de la historia humana, los campos de concentración, había que olvidarla desde la misericordia divina y pedir que jamás vuelva a salir la cara más diabólica del hombre.

135.- Lugares en el corazón

En cierta ocasión, una mujer estaba enferma y todos temían por su salud quebradiza, arropándola de cariño y compasión. Ante la desaparición de su marido ella tuvo que afrontar valientemente toda su casa y sus negocios, sorprendiéndose cada día de aquella maravillosa capacidad que jamás creía tener. Y bien que repetía unas palabras mágicas de León Bloy: "El hombre tiene lugares en su corazón que todavía no existen, y para que puedan existir debe entrar en ellos el dolor".

¡Cuántas veces nuestras capacidades afloran después de una noche oscura y como una reacción urgente a una necesidad imperiosa, y desde ahí los talentos brotan como el agua en la cascada!

¡Por favor, recuerda lo que decía León Bloy, y sabrás que para que muchos espacios interiores existan debe entrar el dolor y el sufrimiento!

136.-Los evangelios

Los evangelios no son biografías ni historias de Jesús, sino testimonios de fe y catequesis vividas por la comunidad cristiana. Son escritos a la luz de la Resurrección, y son iluminados desde este acontecimiento pascual todas las palabras, obras, acontecimientos y la vida toda de Jesús, pero no al margen de lo que real e históricamente fue.

Comprendemos que en los orígenes tenemos una experiencia muy precisa, la experiencia de unos hombres, muchos de ellos marginados y alejados de la Ley, pescadores y recaudadores de impuestos, cuyos pasos se convirtieron en un encuentro gozoso con el Misterio.

Y en medio de sus afanes escucharon una voz que les gritaba: "¡Ven y sígueme!" Una voz que se sigue oyendo en la dinámica del mundo y en la existencia de cada hombre y mujer, deseoso de encontrar un sentido global y permanente a su historia.

137.- Qué no se cansen los educadores

Señor, mi oración en esta mañana es que no se cansen los educadores. La impaciencia paraliza el alma y nos hace extremadamente crueles y recelosos.

Señor, que los educadores no olviden que tú eres el verdadero constructor del espíritu humano y que sólo la compasión y el amor pueden esculpir un hombre y una mujer auténticos y realizados, hombres y mujeres adultos capaces de emocionarse ante el dolor y no aspirar solamente a unas monedas y un bienestar material.

Señor, mi oración en esta mañana es que no se cansen los educadores. Que tengan la inteligencia suficiente para transmitir los conocimientos que asfixien la ignorancia pero, sobre todo, que tengan la paciencia necesaria para relativizar el impulso de los años adolescentes y el complejo nefasto del "signo de la contradicción".

Señor, mi oración en esta mañana es que no se cansen los educadores.

138.- *Anclado en su propia tela de araña*

Cuentan que un hombre era tan egoísta que nunca pensaba en los demás, estaba anclado en su propia tela de araña y en su propia soledad. No era capaz de sonreír a nadie y no miraba a nadie si no era para sacar de él algún provecho.

Un día cayó enfermo y desde la debilidad tuvo que pedir ayuda, algo que no había hecho nunca hasta ese momento. En ese mismo momento comprendió que su vida había sido vacía y había ido por caminos equivocados. Todo por lo que había luchado lo había llevado a la soledad y a buscar su propio interés, y en el fondo estaba recogiendo el fruto maduro de sus esfuerzos.

Sus lágrimas eran tan intensas y su arrepentimiento tan fuerte que decidió dar un giro de ciento ochenta grados a su vida. Y curiosamente amando y ayudando a los demás se sentía mejor, y en ese momento recordó aquellas palabras de Jesús: "El que quiere salvar su vida la perderá, pero el que pierda su vida por mí la encontrará"

139.- *Enamorarse de Dios*

La vida cristiana será fructífera en la medida que nos enamoremos de Dios, el Eternamente Santo. Cuando Dios no es el valor más preciado y la perla más preciosa entonces nuestra vida cristiana se convierte en mediocre y vacía, lamentable y vaga, falsamente cumplidora e hipócritamente vacía.

Dios debe ser el amado que consume el alma dormida y el calor que enciende la hoguera en nuestra noche, la luz que penetra radiantemente en nuestra diminuta esencia y hace que los arpegios de nuestra melodía interna dancen en su mano, el silencio que echa a volar nuestros pensamientos y el suspiro que invada nuestra fatigada existencia de ideales y esperanzas.

Dios debe ser el huracán que nos lanza hacia metas insospechadas y el faro que nos ilumina el sendero que acoge nuestros pasos, la paz que deja la guerra y nos deja insatisfechos, el amor eterno que nos hace buscarlo en las cosas creadas y en el silencio de la noche.

140.- Salir del infierno

¿Cómo salir de la noche de nuestro egoísmo y nuestro egocentrismo sin que la luz rompa el vacío que se queda sujeto en nuestro corazón? ¿Cómo pedir perdón si no somos capaces de mendigarlo y ejercitarlo?

Cuando nuestra vida se ancla en los suspiros de la intolerancia y el egoísmo entonces se genera un caparazón frente a las necesidades de los otros y el infierno sin llamas viene despacio, llevándonos al desasosiego y las noches oscuras del miedo.

Cuando la vida no crece nada más que para acumular dinero y buscar la seguridad material, entonces se apodera de nuestros sentimientos el fantasma de la sospecha y el temor desesperado a perder aquellos que hemos conseguido, aún a riesgo de no valorar lo que tenemos.

Cuando la vida no arde consumiéndose por ayudar a los demás, entonces el infierno llega aunque tu entorno se cubra de rosas y se engalane con los últimos inventos.

141.- Un millón de excusas

Cuando no queremos complicarnos y comprometernos en la vida valen todas las excusas posibles para quedarnos instalados en nuestra comodidad y nuestra pasividad. De nada sirven las llamadas de atención de los mejores hijos e hijas de una generación que nos alertan de lo negativo que es para el mundo nuestra insolidaridad y nuestra injusticia.

¡Cuántas excusas nos creamos para sumergirnos en nuestros miedos y para justificarnos criticamos despiadadamente a los que hacen algo por los demás!

¡Cuántas veces nuestras excusas lo único que hacen son paralizarnos en nuestra seguridad y evitan que nuestra existencia se complique y se busque a sí misma sin más meta que su propio ombligo y el bienestar de su familia!

¡Cuántas veces las miles de excusas que nos creamos lo único que nos protegen son de sellar los sentimientos con la compasión y nos lanzan al egoísmo más ciego!

142.- No detenerse en los fracasos

El Hermano Roger gustaba repetir: " A quien se detiene en los fracasos y el dinamismo, se le paralizan las fibras del alma".

La vida misma depara grandes fracasos a cada persona si no somos capaces de afrontarlos con realismo y con fe, entonces laméntate intensamente de que el fracaso te invadirá y serás un desgraciado que deambula por las sendas del vacío y de la falta de ganas por vivir.

El fracaso es una oportunidad para descubrir que no siempre el éxito llega y que somos débiles, aunque nos creamos invencibles en algunos momentos. El fracaso es un vendabal que zarandea nuestro interior y nos deja mullidos e insatisfechos, para que recordemos, por si lo habíamos olvidado, que no hay gloria sin cruz, no hay satisfacción sin sufrimiento, no hay perfección sin esfuerzo ni cansancio.

¡Por favor, en este día, recuerda al Hermano Roger, y "quien se detiene en los fracasos y el dinamismo, se le paralizan las fibras del alma".

143.- Entre buenos y malos

Nuestros prejuicios nos hacen dividir a los hombres entre buenos y malos, justos e injustos, los que poseen la verdad y los que viven en el error perpetuamente, los que todo lo hacen bien y los que todo lo hacen mal, ...

No olvidemos que en cada hombre y mujer de este mundo se entrelazan la gracia con el pecado, la verdad con el error, el conocimiento con la ignorancia, el amor con el odio, el deseo de ser mejores con la dura realidad de la mediocridad, la risa con el llanto, la bondad con el drama del mal, y olvidarlo lo único que nos hace es simplificar injustamente el diagnóstico y anclarnos en el subjetivismo más terrorífico.

Cuando descubres que en ti mismo se condensa el bien y el mal, y que la mayor aventura consiste en desterrar el mal, entonces la luz ha llegado y podrás ser una bendición para la humanidad.

144.- *Cosida por el sufrimiento*

El sufrimiento aflora por doquier y deja estupefacto al hombre y a la mujer de hoy, cada día más preocupado por la calidad de vida. Ocurre que desde siempre el sufrimiento del inocente ha cuestionado al hombre y lo ha lanzado a la rebeldía más certera y a la resistencia activa más cierta.

El creyente lanza su gemido hacia Dios y le pregunta el porqué de tanto sufrimiento y tanta desgracia manifiesta. Pero jamás se cuestiona una historia sin Dios porque entonces su queja no tiene remitente y su sufrimiento se ciega en su propio centro.

¡Conozco personas cosidas por el sufrimiento y sólo les mueve en la vida la esperanza de que su existencia será agradable a los ojos de Dios, aunque no pasa ni un solo día que no pregunten si vale la pena tanto sufrimiento!

¡Conozco gente que aún en la pena más fuerte y en sus dolores más ardientes no desesperan jamás y miran día y noche al cielo, encontrando una palabra de fuego y una pizca de consuelo!

145.-*Medios para ser humilde*

Madre Teresa de Calcuta escribía en el año 1966 a las Hermanas de su Congregación unas recetas de medios para ser humilde: "Hablar de sí tan poco como sea posible, ocuparse de sus propios asuntos, evitar la curiosidad, no querer arreglar los asuntos de los demás, aceptar las contradicciones con buen humor, pasar por alto las faltas de otros, aceptar el reproche aún cuando sea inocente, ceder a la voluntad de los demás, aceptar los insultos e injurias, aceptar ser desatendido y menospreciado, ser gentil y dulce aún cuando provoquen a uno, no buscar ser admirado y amado, no escudarse nunca tras la propia dignidad, ceder en las discusiones aún cuando uno tenga razón, elegir siempre lo más difícil..."

¡Qué difícil es ser humilde y qué grande es aquella persona que experimenta en su vida este don maravilloso!

Cuando te encuentres a un hombre y a una mujer humilde te sugiero que le mires atentamente y te preguntes sinceramente qué es lo que lo hace grande y lo diferencia de otros muchos de tu entorno.

146.- La fe de mis padre

"No podía dudar de la existencia de Dios. De lo que dudaba era de la comunión con Él, de la comunicación. Honestamente, no podía rezar. Cuando era niño rezaba, pero después no fui capaz de hacerlo. Ante esta incapacidad, puse mi confianza en la fe de mis padres y de mis abuelos", comentaba el Hermano Roger al recordar su autobiografía.

Cuando la noche de la incomunicación le asolaba y no era posible salir de ella entonces supo anclarse el Hermano Roger en la fe de sus padres y sus abuelos, que le recordaba que su historia era impensable sin Dios y que sus raíces estaban depositadas en ese Dios de sus padres.

En este día te sugiero que nunca abandones al fe de tus mayores y que aunque pases por "noches oscuras" no hagas mudanza porque ese Dios a quien no ves te revelará casi sin notarse sus palabras de salvación.

147.- Tantos años contigo... y no se nada de ti

Tantos años comprometido con tu causa y qué poco sabemos de Ti. Cuando parece que todo es desvelado y reconocido, surge un aroma de silencio que rompe como la noche la claridad de los rayos de sol. Tú estás ahí, casi sin notarse, manifestándote en los caminos menos ciertos y más vírgenes.

Tantos años anunciando tu evangelio y nos dejas el cansancio más veloz cuando a la hora que menos esperamos se nos hace nuevo e irreconocible, como a los discípulos en el camino de Emaús.

Tantos años desvelando incógnitas y silencios, y Tú jugando con nosotros al escondite con la sóla certeza de que reconozcamos que lo importante es confiar, creer, y haga resonar en nuestros corazones la sentencia que conmovió la mañana de Pascua: "Dichosos los que crean sin ver" (Jn 20,29ª).

148.- Demasiado tarde

Bertold Brecht es uno de los poetas más comprometidos e importantes de nuestro tiempo y escribió este maravilloso y sorprendente texto, que nos recuerda el daño que nos hacen la indiferencia y los prejuicios: "Primero se llevaron a los comunistas pero a mí no me importó porque yo no era. Enseguida se llevaron a los obreros pero a mí no me importó porque yo tampoco era. Después detuvieron a los sindicalistas pero a mí no me importó porque yo no soy sindicalista. Luego apresaron a los curas pero como no soy religioso tampoco me importó. Ahora me llevan a mí pero ya es tarde".

¡Cuántas veces has mirado para otro lado y te has quedado sin sorprendente ante el sufrimiento ajeno porque lo has sentido demasiado lejano y los que sufrían tenían poco que ver con tu vida cotidiana!

¡Cuántas veces has olvidado que el mundo no es tan grande como parece y que en el fondo es una pequeña huella en el celeste universo, y que olvidarse de la solidaridad lo único que nos hace es anclarnos en nuestra poca memoria y en nuestro egoísmo más cierto!

¡Siente como tuyos los sufrimientos de los demás porque "Los gozos y las esperanzas, las tristezas y las angustias de los hombres de nuestro tiempo, sobre todo de los pobres y de cuantos sufren, son a la vez gozos y esperanzas, tristezas y angustias de los discípulos de Cristo" (G.S. 1).

149.- *El complejo de Sara, la escéptica*

En cierta ocasión un compañero sacerdote que trabaja con jóvenes recordaba que el peligro de toda pastoral es caer en "el complejo de Sara, la escéptica".

En el relato bíblico, Abrahám recibe la visita de tres forasteros, verdadera teofanía de Yahvé, y aquellos hombres bendijeron la hospitalidad de Abrahám, diciéndole que Sara iba a ser madre pasado el tiempo de un embarazo. Y Sara que lo estaba escuchando se rió para sus adentros, recordándose que Abrahám y ella eran viejos, entrados en años, y a ella se le había retirado la regla de las mujeres. Y Yahvé le dijo a Abrahám: "¿Cómo se ha reído Sara, diciendo: ¡Seguro que voy a parir ahora de vieja!? ¿Es que no hay nada milagroso para Yahvéh? En el plazo fijado volveré, al término de un embarazo, y Sara tendrá un hijo" (Gén 18,1-13).

Y precisamente, comentaba este compañero eso es lo que nos pasa a nosotros. No contagiamos, no convencemos, no nos creemos del todo que para Dios nada hay imposible y que sólo desde Dios será posible alcanzar grandes metas. Así ha ocurrido en otras épocas de la vida de la Iglesia y así debe seguir siendo.

¡Maravillosa respuesta de este compañero sacerdote que cree en las sorpresas del Espíritu y si Él quiere puede sacar hijos de Dios hasta de las mismas piedras!

150.- los inútiles también cuentan

¡Qué nos queda si eliminamos a los débiles de la andadura cansada de esta historia nuestra que a la primera de cambio, casi sin notarse y con grandes silencios, se oculta las huellas de los sin-voz y el grito silencioso de los inútiles, los que no sirven y los que nada aportan a esta sociedad tan tecnificada y deshumanizada!

¡Qué nos queda si cuando aparece una reestructuración técnica aparecen cada día miles y miles de seres inseguros e ignorantes seres humanos que se sienten impotentes ante el imperio de la máquina y del ordenador.

¡Qué ocurre si este mundo va dejando en la cuneta a los pequeños que su cuerpo no posee las medidas perfectas, sus conocimientos no alcanzan el diez, su actualización profesional ha sido aprobada por las nuevas técnicas y a pesar del aparente equilibrio social surgen nuevas pobrezas y marginaciones!

¿Habrá alguien que ame sin pedir más perfección y acepte a los humanos inútiles sin más, por pura misericordia? ¿Sabes si tu corazón ha buscado una respuesta? Si no lo has encontrado y te inquieta la pregunta mira un crucifijo. Seguro que encontrarás un consuelo satisfecho y hermoso.

151.- No eres una moneda para agradar a todo el mundo.

En cierta ocasión un joven se acercó a un hombre que tenía muchos problemas con los demás y le preguntó con cierta curiosidad porqué no le preocupaba los comentarios de la gente y porqué era tan independiente del juicio de los otros.

El hombre le sugirió que él no era una moneda para agradar a todo el mundo y que siempre hiciera lo que hiciera estaría sometido al juicio "in misericorde" de los demás, hecho que en realidad poco le preocupaba. Él quería actuar en conciencia y jamás sentirse defraudado por su propia incoherencia.

Y aquel hombre recordó al joven unas palabras del evangelio: "¡Ay cuando todos los hombres hablan bien de vosotros!, pues de ese modo trataban sus padres a los falsos profetas" (Lc 6,26).

152.- La rebeldía contra Dios

Gustaba repetir a Wiesel, uno de los supervivientes del holocausto judío, premio nobel de la paz: "No puedo concebir mi vida sin Dios. Mi relación con Él va desde la confianza más auténtica a la rebeldía más manifiesta. Entiendo la vida contra Dios pero nunca sin Dios". Wiesel comprendía que su vida sin Dios estaba llamada a la nada y al sin sentido más cruel, al tiempo que se apaga el calor de su rebeldía más certera en ese Dios de sus padres, cada día más vivo y más unido al sufrimiento.

Bien sabemos que el creyente de hoy desea conocer qué respaldo bíblico y teológico puede tener su propia queja ante el sufrimiento del inocente y su rebeldía dentro del proyecto de la salvación, al tiempo que le preocupa cómo enraizar su propia queja en el meollo de nuestra conflictiva existencia abierta a la fe.

No abandones la confianza en Dios si te preocupa el sufrimiento del inocente. Desde Él encontrarás una respuesta profunda al dolor tan cercano en el hombre y mirarlo con fe puede ser la única respuesta que no nos haga anclarnos en nuestra angustia.

153.- El crisol de una crisis

El ser humano pasa por grandes crisis existenciales que en momentos le hacen hasta llorar pero que son necesarias para que pueda crecer en el conocimiento, la sabiduría y la realización personal.

Muchos hombres y mujeres cayeron en la desesperación y en el vacío porque no asumieron que la crisis es necesaria y posible en su camino virgen.

Cuando la crisis nos hace tambalearnos recuerda que sin ella el crecimiento sería nulo y los sentimientos escasos, pero no olvides que "en tiempos de crisis no cambies" y que después de la tormenta viene la calma.

Las crisis purifican nuestros ideales, afianzan nuestras motivaciones y destruyen falsos ídolos, pero en el fondo sin ellas la vida no sería nada más que un "pasar años" y vegetar sin remedio.

154.- La autoridad como servicio

Jesús de Nazaret nos recuerda a menudo que la vida es un don que ha sido entregado para ser ofrecido y que la vida no merece vivirse si no es desde el servicio.

En cierta ocasión, cuando los hijos del Zebedeo le pidieron sentarse en su gloria uno a su derecha y el otro a su izquierda, los demás se indignaron contra los hermanos, pero en el fondo todos los discípulos tenían aire de grandeza y deseos de dominio, y Jesús les dijo unas palabras mágicas, que han sido el palpitar y el fundamento de millones de hombres y mujeres cristianos durante siglos: "Sabéis que los que son tenidos como jefes de las naciones, las dominan como señores absolutos y sus grandes las oprimen con su poder. Pero no ha de ser así entre vosotros, sino que el que quiera llegar a ser grande entre vosotros, será vuestro servidor, y el que quiera ser el primero entre vosotros, será esclavo de todos, que tampoco el Hijo del Hombre ha venido a ser servido, sino a servir y a dar su vida como rescate por muchos" (Mc 1, 42-45).

Estas palabras han marcado el sentido último de la autoridad en la Iglesia y deben ser para ti unas palabras determinantes que te harán descubrir si vas por el buen camino o debes de cambiar tu ruta casi 180 grados.

155.- Tenéis mi presencia por los suelos

Cuentan que un religioso estaba en profunda oración en una capilla pequeña y muy acogedora. De pronto sintió que el Cristo del crucifijo se proyectó en el suelo con una luminosidad especial y oyó en su interior una voz que le decía: "Tenéis mi presencia por los suelos".

¡Qué poco testimonio damos de Jesucristo y su evangelio en esta vida nuestra y qué lejos quedan nuestras palabras y obras de ese vendaval espiritual que debería salvar al hombre cuando en el fondo los deja estupefactos en su escándalo!

¡Qué poco entusiasmo provocamos a nuestro alrededor cuando la fe en Jesucristo no es en nosotros nada más que un suspiro, una creencia que no nos compromete y no nos lanza hacia metas más auténticas y certeras!

156.- *Bajo el peso de la cruz.*

La cruz es una compañera de camino y cada uno debemos abrazarnos a ella para que nuestra vida alcance sin remediarlo la salvación de Cristo.

Nadie que viene a este mundo se priva de ella y si alguna vez reniegas de su presencia en tu vida no lo hagas creyendo que tu cruz es la más dura que existe, porque grandes cruces hay y son llevadas por corazones grandes.

Si has tenido la tentación de suponer que te unirás a Cristo desde el éxito y el triunfo no te engañes. Él entrará en tu vida desde la fatiga y te unirás a Él desde las lágrimas y el lamento. La cruz no hay que buscarla ni desearla, pero ten a ciencia cierta que vendrá y que en el peregrinar de tu vida la hallarás de muchas formas y variedades.

Días tendrás que lamentarás haber nacido pero cuando descubras que el mundo es un valle de lágrimas y que el dolor se deposita en tu alma, recuerda que tus sufrimientos están unidos existencialmente a Jesucristo crucificado y que en tu cruz ha florecido el "Cristo del madero".

157.- *Almas de oro*

Decía San Juan Crisóstomo que "Dios no tiene necesidad de oro, sino de almas de oro". Almas de oro que sientan en sus fatigas el cansancio de una humanidad sufriente y dolida. Almas de oro que cabalguen por la senda del servicio y los caminos del bien, que sepan amar con intensidad a los otros.

Almas de oro que penetren en las entretelas de la historia y hagan estallar a pedazos el mal que se esconde en sus adentros. Hombres y mujeres que paralicen sin miedo el vendaval del egoísmo y sean capaces de purificar los cimientos de este mundo tan poco dado a querer.

Almas de oro que nos recuerden que "Hay hombres que luchan un día, y son muy buenos. Hay otros que luchan un año, y son mejores. Pero hay otros que luchan toda la vida. Esos son los imprescindibles" (B. Brecht).

¡Sí, "Dios no tiene necesidad de oro, sino almas de oro"!

168.- Morir

Martín Descalzo fue uno de los periodistas y escritores católicos más importantes de España, y sus obras fueron galardonadas y premiadas, pero sobre todo el proceso de su enfermedad y su aceptación fueron admirados por millones de personas. Él decía que "Morir es sólo morir. Morir se acaba. Morir es una hoguera fugitiva. Es cruzar una puerta a la deriva y encontrar lo que tanto se buscaba".

¡Qué bien supo expresar Martín Descalzo que para el cristiano la muerte no es la palabra última de la existencia humana y que la muerte es la puerta que nos acerca a lo que tanto buscamos y anhelamos, el encuentro con el Eterno!

La muerte nos acerca a las personas a nuestro interior más que la presencia física y nos despierta del sueño de lo inmediato y sensorial. La muerte es el combate más pálido de la existencia humana pero que nos da la oportunidad de sumergirnos en el secreto de los muertos de ayer, testigos predilectos de la fugacidad de la vida y del tiempo.

La muerte es el palpitar silencioso que nos hace estallar en lo cotidiano y nos acerca sin notarse a la más clara memoria: ser hijos de la tierra y peregrinos hacia el cielo.

161.- Danos locos, Señor

Danos locos, Señor, danos locos, hombres y mujeres que sueñen sin desanimarse que este mundo es posible de otro modo y que el cambio es posible para que este mundo sea cimentado en el amor y la solidaridad.

Danos locos, Señor, personas que sepan que el tiempo y el espacio no son motivos suficientes para recordarle al hombre de siempre que no hay mejor oficio que enseñar al hombre a ser humano y no anclarse en la "ley de la jungla".

Danos locos, Señor, personas que "no cambien un amigo por dinero ni a su hermano querido por oro de Ofir" (Eclo 7,18). Hombres y mujeres que sean "consecuentes en su pensar y coherentes en sus palabras; que sean rápidos para escuchar y calmosos para responder" (Eclo 5,10-11).

162.- *El don de amar y ser amado*

En una reunión de catequesis un grupo de jóvenes reflexionaba vivamente cuál era el don más valioso que tenía el hombre que lo distinguía del resto de los animales. Un joven afirmó que la distinción radicaba en que el hombre es un animal "gestador de cultura". Una joven comentó que la distinción recaía en su capacidad de pensar. Otro joven dijo que el hombre se diferenciaba de los demás animales por su capacidad de aprendizaje y gestador de situaciones nuevas que van más allá de su registro genético. Pero otro joven, quizá el más tímido y más callado, que en todas las reuniones se sentaba casi escondido, sentenció que la distinción estaba, según él, en que el hombre es el animal que ha recibido "el don de amar y ser amado".

¡Qué bellamente expresó aquel joven, seguramente deseoso y necesitado de amor, que la diferencia más radical estaba en la capacidad del hombre para amar y ser amado!

¡Qué sabiamente intuyó aquel joven que sin el amor el hombre se acerca más al lado salvaje y lo aparta de los sueños más fuertes de los hijos más buenos de la humanidad, siempre preocupados por alcanzar las cotas más grandes del amor!

¡Qué bien supo expresar Madre Teresa de Calcuta que "el mayor pecado es la ausencia de amor y de caridad, la terrible indiferencia con el prójimo que, al borde del camino, está expuesto a la explotación, a la corrupción, a la indigencia y a la enfermedad"!

163.- *Muchos son los que sueñan*

Martín Lutero King fue uno de los líderes negros más importantes de los Estados Unidos y un cristiano comprometido con la no violencia, y él creía en el futuro, porque era un hombre con esperanza. Esperaba que la situación de los negros cambiaría en la sociedad norteamericana y que habría sitio para todos, blancos y negros, todos hijos del mismo Dios. Él gustaba repetir continuamente que "cuando uno sueña, es sólo un sueño. Cuando son muchos los que sueñan, es el comienzo de la realidad".

¡No te ancles en el pragmatismo inerte que deja mullidos los sentimientos y los sueños en ara de la igualdad y la solidaridad!

¡No te niegues a soñar un "cielo nuevo y una tierra nueva" que haga estallar en mil pedazos el veneno de la serpiente maligna que socava los cimientos de la dignidad humana y siembra semillas de la injusticia y la guerra!

¡No te cierres al palpitar herido del sueño, que aunque lo creas imposible la andadura humana ha visto caer grandes montañas aunque al principio solamente un hombre o una mujer empezaron a cavar, los consideraron unos locos, y hoy son realidades maravillosas en beneficio del "progreso de los pueblos"!

164.- *Un discurso poco convencional*

El Cardenal Vicente Enrique y Tarancón pronunció una homilía maravillosa en la misa del Espíritu Santo celebrada en la Iglesia parroquial de San Jerónimo el Real, en la mañana del 27 de noviembre de 1975, con motivo de la exaltación del Rey don Juan Carlos I al trono de España: "la Iglesia sí debe proyectar la palabra de Dios sobre la sociedad, especialmente cuando se trata de promover los derechos humanos, fortalecer las libertades justas o ayudar a promover las causas de la paz y de la justicia con medios siempre conformes al Evangelio. La Iglesia nunca determinará qué autoridades deben gobernarnos, pero sí exigirá a todas que estén al servicio de la comunidad entera; que respeten sin discriminaciones ni privilegios los derechos de la persona; que protejan y promuevan el ejercicio de la adecuada libertad de todos y la necesaria participación común en los problemas comunes y en las decisiones de gobierno; que tengan la justicia como meta y como norma y que caminen decididamente hacia una equitativa distribución de los bienes de la tierra... "

¡Magnífica exhortación del Cardenal Vicente Enrique y Tarancón en ese día histórico en nuestro país al expresar con una contundencia fuerte qué le pide la Iglesia a las instituciones y qué lugar ocupa la Iglesia en la sociedad civil, sin injerencias en competencias que no le corresponden pero con unas palabras que decir en las decisiones políticas y sociales!

165.- Ser santos

¡Qué difícil resulta reconocer en nuestro camino que nuestros pasos son diminutos y nuestro peregrinar desconcertado!

La vida no siempre alcanza las metas esperadas y el aroma del pecado se deposita en nuestra alma como si esperara de inmediato alejar al ser humano de la ruta determinada.

Ser santos es lo importante que lleva al ser humano más allá incluso de la meta moral que consiste en construir un "hombre auténtico y realizado". Los santos palpan de vez en cuando la perfección suprema de Dios y nos recuerdan a los humanos que el mal puede ser vencido solamente con sacrificio, constancia y confianza.

Ser santos es la grandeza del ser humano que reconoce que el evangelio solamente puede transformar las raíces de la sociedad y de la humanidad, anclados a menudo en la tierra de la propiedad privada, el lucro y el poder. ¡Sí, adquirir, poseer y lucrar son los derechos sagrados e inalienables del individuo en nuestra sociedad y los santos nos recuerdan que todo eso debe ser superado y triturado por el amor!

Ya lo decía Madre Teresa de Calcuta que "la santidad consiste en hacer la voluntad de Dios con alegría... La fidelidad forja a los santos".

¡En este día, por favor, recuerda que la santidad es solamente esto, hacer la voluntad de Dios con alegría!

166.- *Al que poco se le perdona, poco ama*

Jesús de Nazaret era un seductor y un profeta que no quería la muerte del pecador sino convierta y viva. No dejó a nadie indiferente y sus palabras tenían la fuerza del amor en sus adentros.

En cierta ocasión, un fariseo lo invitó a comer en su casa y una mujer, conocida pecadora, se acercó, derramó perfume en sus pies y llorando se puso a besarlos. El profeta se escandalizaba de aquella reacción de Jesús que, quedándose quieto, dejaba que le tocara una mujer pecadora.

Y Jesús le dijo al fariseo: "Un prestamista tenía dos deudores; uno le debía quinientos denarios y el otro cincuenta. Como no tenían con qué pagar, los perdonó a los dos. ¿Cuál de los dos lo amará más?" Simón contestó: "Supongo que aquel a quien le perdonó más"... Y Jesús le dijo: "...sus muchos pecados están perdonados porque tiene mucho amor; pero al que poco se le perdona, poco ama" (Lc 7, 36-50).

¡Qué grandeza tenía Jesús en su corazón que sabía mirar al ser humano más allá de sus actos y leía en lo más recóndito de sus sentimientos! ¡Qué liberación sentiría aquella mujer que alguien la miró con dignidad y la acercó a la misericordia de Dios!

Si tu vida está llena de caídas y eres consciente de tus pecados, recuerda que "al que poco se le perdona, poco ama"!

167.- El oficio de enseñar a ser hombre

León Felipe es un poeta importante y muy comprometido con el hombre. Él gustaba repetir continuamente que "no hay otro oficio ni empleo que aquél que enseña al hombre a ser un hombre".

Subrayar que "todos los bienes de la tierra deben ordenarse en función del hombre, centro y cima de todos ellos" (G.S. 12), consiste en afirmar que la dignidad del hombre debe ser el mayor valor que una sociedad debe de afirmar y subrayar con decisiones políticas válidas y eficaces.

¡Qué grandeza la de los educadores que han descubierto que el oficio más serio e importante del mundo es aquel que ayuda al ser humano a ser él mismo y a reconciliarse con la vida!

¡Qué maravilla la de los maestros que saben a ciencia cierta que el mayor don que existe en el mundo es aquel que enseña al hombre a ser un hombre, un "hombre auténtico y realizado", capaz de entresacar de la vida lo mejor y descubrir que la esencia de una vida entera es "amar al prójimo como a nosotros mismos"!

168.- Deja que la pluma suspire a lo vivo

Dios nos libre de aquellas personas que no se compadecen de nadie y que no les importa el sufrimiento ajeno. Se repiten continuamente: "Yo tengo mis propios problemas. Allá cada uno con su vela". Y esos son los que dan lástima.

Tú no te ancles en tu noche y deja que la pluma, esa pluma interior que escribe en la conciencia, el sagrario interior del hombre, suspire a lo vivo.

Los que no se compadecen de nadie en el fondo no aman a nadie y sólo buscan en el mundo alguna emoción que les haga olvidar su desnudez y su avaricia egoísta que les empobrece enormemente.

Dios nos conceda en este día el don maravilloso de compadecernos hasta de las piedras y esta compasión nos llevará más allá de nuestro ego, haciendo nuestro el lema evangélico: "Todo cuanto queráis que os hagan los hombres, hacédselo también vosotros a ellos; porque ésta es la Ley y los Profetas" (Mt 7,12).

169.- *Signo de contradicción*

"El Angel de la Iglesia de Laodicea escribía: Así habla el Amén, el testigo fiel y veraz, el Principio de la creación de Dios. Conozco tu conducta: no eres ni frío ni caliente. ¡Ojalá fueras frío o caliente! Ahora bien, puesto que eres tibio, y no frío ni caliente, voy a vomitarte de mi boca!" (Ap 3,14-16).

¡Ay, pobre de nosotros, que no somos ni frío ni calientes, que no escandalizamos por vivir el evangelio sino por no vivirlo ni comprometernos con él, que no somos signo de contradicción en este mundo tan poco dado a querer y poco dado a perdonar!

¡Ay, pobre de nosotros, que llevamos con poca dignidad el nombre de cristianos y no dejamos que otros se acerquen con humildad al recinto sagrado de Dios para encauzar su vida y sus sendas desde Él!

170.- *Un sacerdote debe ser*

En una pared de la casa de un sacerdote había un cuadro peculiar, sacado de un manuscrito medieval, de cómo debe ser un sacerdote: "a la vez muy grande y muy pequeño. De espíritu noble, y a la vez sencillo como el labriego. Héroe que ha triunfado de sí mismo, y hombre que luchó contra Dios. Fuente inagotable de santidad, y pecador a quien Dios perdonó. Señor de sus propios deseos, y servidor de los más débiles. Alguien que jamás se doblegó frente a los poderosos, y sólo se inclina ante los humildes. Dócil discípulo de su maestro, y caudillo de valerosos combatientes. Pordiosero de manos suplicantes, y mensajero que distribuye el oro a manos llenas. Animoso soldado en la batalla, y mano tierna para el enfermo. Anciano por la prudencia que pone en sus consejos, y niño que confía en los demás. Hecho para la alegría, y curtido por el sufrimiento. Ajeno a toda envidia, transparente en sus pensamientos, sincero en la palabra, amigo de la paz, enemigo de la pereza, seguro de sí mismo".

Y mucha gente cristiana pide continuamente, día y noche, que Dios nos envíe buenos y santos sacerdotes.

171.-*Por sus ojos los llamo*

El palpitar permanente de la fe consiste en confiar en Alguien, Aquel que nos ama más allá de nuestros miedos y recelos. Creer en la fidelidad de Dios es saber con "los ojos invisibles del corazón" que Dios se aprende nuestros ojos y por nuestros ojos nos llama.

Cuando la fe alcanza a lo más recóndito del alma y encuentra razones suficientes para vivir con sentido la larga andadura existencial, las razones del corazón porque "el corazón tiene razones que la razón no conoce" (Blaise Pascal), entonces aparece en el horizonte la voluntad de dar y de darse, de compartir y de compartirse, de ayudar y de sacrificarse por los demás de una manera totalmente nueva y altruista, legendaria y divina.

Cuando la vida encuentra los lazos invisibles de la seguridad interna que va más allá de lo aparente y recrudece la valentía del testimonio y la satisfacción fortalecida de sentirse amado en nuestro más íntimo aposento interior entonces arde sin consumirse la llama de los sueños, el suspiro de la fidelidad y la conciencia clara de que vivimos nuestro propio "Kairós", nuestro presente junto a Dios más certero y bello.

Dios es la garantía de que nuestra realidad posee una meta y un sentido último en su larga espera, que nuestra existencia humana no es un absurdo manifiesto avocado a la nada y que la historia humana tiene una justicia plena más allá de sus páginas grises y demoledoras. ¡Sí, Dios se aprende nuestros ojos, y por nuestros ojos nos llama!

172.- *De lo que tienes*

Marco Aurelio nació en Roma el 20 de abril del año 121, y en el año 161 d.C.C. llegó a ser emperador romano. En su política interior defendió a las clases menos pudientes, para quienes fundó escuelas, orfanatos y hospitales, y alivió la carga de los impuestos. Fue filósofo estoico y su obra, "Pensamientos", es un compendio de doce libros en griego, en los que revela su creencia de que la vida moral basada en el saber, la justicia, la fortaleza y la moderación conduce a la tranquilidad.

Marco Aurelio dijo que "de las cosas que tienes, escoge las mejores y después medita cuán apasionadamente las hubieras buscado si no las tuvieras".

¡Cuántas veces nos rodeamos de cosas para sentirnos más seguros y en el fondo nos hacemos más esclavos de las cosas que poseemos. A decir verdad, más que tener cosas podemos decir que las cosas nos poseen a nosotros!

¡Cuántas veces las cosas nos anclan en la "cultura del tener" y nos hacen insolidarios con "la cultura del ser" y resuenan en nosotros aquellas palabras mágicas de Jesús atentando contra nuestros apegos: "Ningún siervo puede servir a dos amos: porque o bien aborrecerá a uno y amará al otro, o bien se dedicará al primero y no hará caso del segundo. No podéis servir a Dios y al dinero" (Lc 16,13)!

173.- Todo quiere ser amado

Y dijo el profeta: "Todo quiere ser contemplado y admirado, saboreado y asimilado, amado y conquistado. Toda la realidad nace y es recreada continuamente para que el hombre aprenda a ser él mismo, y de esa manera descubrir que pertenece a una creación infinita, sabiamente armónica y rigurosamente silenciosa.

La realidad que no es amada se mantiene callada para el hombre pero cuanto es deshojada y abrazada hasta los hechos más lamentables y terribles para el ser humano cobran un significado especial.

Muchos momentos pasamos de largo por tanta belleza y majestuosidad como si no existiera ante nuestros ojos la naturaleza grandiosa que necesita ser contemplada para que nos seduzca desde dentro, y muchas veces somos insensibles a lo que nos rodea arrinconados en nuestro egoísmo y nuestro individualismo.

Todo cuanto existe cobra vida cuando amamos sin desfallecer desde lo más diminuto hasta lo más grandioso.

Muchos hombres y mujeres pasaron por la vida con la sola intención de violentar a los demás y de hacer daño a todo lo que les rodeaba y murieron tristes y sin emoción cuando el Eterno les exige la vida, pero otros amaron todo cuanto les rodeaba, desde la hormiga hasta sus semejantes, y en la hora de su partida sonrieron gustosamente porque eran devuelto a la armonía final con todo lo creado y al abrazo compasivo del Misterio".

174. - *Los muertos resucitan*

En una reunión de catequesis un joven expresó con intensidad su inquietud y su preocupación acerca de la resurrección de los muertos. Él no sabía a ciencia cierta si los muertos podían volver a vivir cuando en el cementerio sólo quedaba silencio y huesos, y cómo resucitaban los muertos.

Todos callaron de pronto porque aquella pregunta les preocupaba tanto o más que a su compañero y las miradas quedaron fijas en el catequista.

El catequista, un tanto nervioso, se alegró que saliera este tema tan importante para la fe cristiana y para el hombre. Releyó despacio el capítulo 15 de la Primera Carta de San Pablo a los Corintios, y contestó a los chicos: "El ser humano siempre se ha resistido a admitir que la muerte es la experiencia última de la vida y que la muerte, la injusticia, el dolor y el sufrimiento venzan en el devenir histórico. Siempre ha anhelado el triunfo de Dios sobre estas realidades y que el triunfo vendría del mismo Dios. La resurrección es el sí amoroso de Dios Padre a toda la obra y persona de Jesucristo, injustamente tratado y crucificado en la cruz.

¿Qué comparación haremos para comprender la resurrección de los muertos? ¡La que utiliza San Pablo! "Lo que tú siembras no revive si no muere. Y lo que tú siembras no es el cuerpo que va a brotar, sino un simple grano, de trigo por ejemplo o de alguna otra palabra. Y Dios le da un cuerpo a su voluntad; a cada semilla un cuerpo peculiar" (1 Cor 15,37-38).

No sabemos cómo resucitarán los muertos pero lo seguro es que tu identidad personal será conservada y que Dios saldrá en busca de tu humanidad, purificada y redimida".

175.- Tener memoria

Marco Tulio Cicerón fue un escritor, político y el orador más elocuente de Roma. Nació en Arpinum el año 106 a.C.C. y murió ejecutado como enemigo del Estado, el 7 de diciembre del 43 a.C.C.

Cicerón decía que "el que sufre tiene memoria" y solamente este recuerdo nos hace permanecer vivos en armonía con toda la historia anterior y con el alma sufriente de los que nos rodean.

El olvido nos anquilosa en el egoísmo y nos hace incapaces de mirar al lado para compadecernos de los demás.

Algunos hombres y mujeres creen que si no miramos alrededor y no observamos el dolor ajeno que seremos felices, pero esta postura es ilusoria y en el fondo antihumana, antihistórica y, sobre todo, anticristiana.

Tener memoria es sentir que estamos vivos y no somos personas ajenas al dinamismo histórico que nos lleva hacia adelante, pero siempre con grandes fatigas y con sufrimientos.

Tener memoria es subrayar en la vida humana que la solidaridad con los dolores ajenos solamente nos hace favorecer nuestra vena más auténtica y nos aleja continuamente del egoísmo, al que tanto nos acostumbramos.

Tener memoria es sufrir con el horror del sufrimiento y sufrir con el otro es una conquista ya ganada al olvido más despiadado y más brutal.

176.- Llama de amor viva

La espiritualidad cristiana en el fondo es unirse íntimamente a Jesucristo y aquí radica la esencia misma de la fe. Lo que ocurre es que cada persona busca su camino virgen y moviliza sus pasos para que el encuentro sea de lo más profundo y más auténtico.

¿Has visto en alguna ocasión cómo se consumen unos leños en una chimenea? Arden y arden silenciosamente, y la llama los recrea y los consume hasta convertirlos en ascuas para calentar e iluminar la noche.

Pues eso mismo ocurre con el Espíritu Santo que habita en nuestro corazón y cuando le dejamos que actúe entonces su llama de amor viva arde sin consumirse nuestras pasiones y nuestro egoísmo hasta destruirlos en una conversión de amor.

Muchos hombres y mujeres creyeron en Dios y gestaron desde su esperanza un mundo más acorde con el proyecto del creador. Ellos mismos se dejaron interpelar por la voz interior de su espiritualidad y llegaron a rozar la grandeza de la santidad y el gozo de la perfección.

Y aquí estamos nosotros, pequeños seres humanos, llamados a dejarnos consumir por la llama de amor viva, y llamados a dejar que nuestra arpa toque la melodía de otras latidudes eternas.

177.- La fidelidad

¿Por qué solamente las infidelidades y los fallos son motivos de queja y comentarios sin que subrayemos al menos la cantidad de fidelidades y cumplimientos a la palabra dada de millones de personas en sus vocaciones correspondientes? ¿Por qué en los medios de comunicación lo normal no es noticia y la multitud de personas que ayudan a los demás no son merecedoras de un comentario siquiera?

Madre Teresa de Calcuta fue una monja católica de etnia albanesa, nacionalizada india posteriormente, considerada madre de los pobres de Calcuta y premio de la paz en el año 1979, decía a sus hermanas Misioneras de la Caridad, en el año 1969: "No os dejéis perturbar por habladurías. Oís hablar de sacerdotes y de religiosas que renuncian, de hogares destruidos. Pero no olvidéis que existen miles y miles de sacerdotes, de religiosas y de familias fieles. Esta prueba purificará a la Iglesia de las debilidades humanas, y saldrá de ella más hermosa y más auténtica".

Y esta constante de fidelidad en sacerdotes, religiosos y matrimonios es lo que mantiene la bondad en el mundo y lanza a las generaciones venideras a saborear un mundo más auténtico y solidario, capaz de compadecerse del hombre y lanzarlo hacia el Misterio.

¡Bien sabía Madre Teresa de Calcuta que las crisis purifican a las instituciones de las debilidades humanas y llevan a las personas más allá de sí mismas!

178.- Nada está perdido

Un misionero contó su maravillosa experiencia: " Cuando tenía 15 años me separé de la Iglesia y andaba distraído. Mi madre, que era una mujer de fe profunda y gran observadora, callaba ante mi abandono repentino de la práctica cristiana. Yo andaba ocupado en otros menesteres y un día, buscando el momento y el lugar adecuado, me preguntó: "¿Hijo, amas a Dios? Aquella pregunta me dejó perplejo y no sabía qué contestar. Intenté darle respuestas evasivas y sin querer interiorizar mucho en mí. Quise expresarle que la práctica religiosa me decía bien poco. Ella repuso: "No te hablo de la práctica religiosa. Te pregunto si amas a Dios. Te recuerdo que si tú lo abandonas, El jamás lo hará y que Dios te ama por encima de todo. No lo olvides". Mi madre se marchó y aquella pregunta no me dejaba tranquilo en ningún momento durante años.

Al cabo de los varios años en un momento de profundización me pregunté algo realmente increible: Si Dios me ama, ¿qué podré hacer yo para corresponderle que le agradara de verdad? Y pensé que lo que realmente agradaba a Dios era entregar mi vida al servicio de los demás y hacerlo desde Él. Y a los 19 años ingresé en el Seminario.

No estaba todo perdido para Dios ni para mi madre. Ella era una mujer grande de fe muy profunda.

179.-*La dignidad de un pueblo*

Cuentan que un rey tenía una gran preocupación por la dignidad de su pueblo. Llamó a los mejores y más instruidos sabios de su reino para consultarles y les preguntó sin titubeos: ¿qué hay que realizar para hacer progresar a un pueblo?

Uno de los sabios contestó: "Majestad, haga grandes inversiones en industria y comercios, y su pueblo saldrá de la miseria y será un pueblo importante".

Otro de los sabios sugirió: " Majestad, separe de los presupuestos anuales grandes sumas de dinero para la eduación técnica y profesional de los jóvenes y los niños. Verá cómo su reino alcanzará las más grandes cota de progreso".

Otro de los sabios le dijo: " Majestad, cree centros de diversión y de ocio para los ciudadanos y será su pueblo un pueblo feliz".

Pero el otro de los sabios concluyó: "Majestad, lo que han dicho mis compañeros está muy bien para el progreso de los pueblos: las inversiones en industria, la educación técnica y profesional de los jóvenes, lugares de ocio pero no destruya del tejido social la justicia, la libertad y la fe, y su pueblo será grande en medio de los sufrimientos. Sólo así será el pueblo más envidiado de la tierra. Si defiende estos valores con todas sus fuerzas su pueblo será un pueblo feliz.

180.-Una Plegaria eucarística fantástica

La Plegaria eucarística VI b, dedicada a Jesús, nuestro camino, es una plegaria fantástica y un reclamo para la unión plena con Jesucristo, nuestro hermano y salvador. Ella posee unas palabras de fuego que deberían ser escritas en nuestro corazón y depositadas en nuestros labios, al tiempo que deberían ser los mejores pensamientos que pudiéramos tener en nuestra vida: "Danos entrañas de misericorida ante toda miseria humana, inspíranos el gesto y la palabra oportuna frente al hermano solo y desamparado; ayúdanos a mostrarnos disponibles ante quien se siente explotado y deprimido.

Que tu Iglesia, Señor, sea un recinto de verdad y de amor, de libertad, de justicia y de paz, para que todos encuentren en ella un motivo para seguir esperando"

¡Maravilloso párrafo que nos recuerda con cuánto afán tenemos que suspirar entrañas de misericordia ante toda miseria humana, y que tener el gesto y la palabra oportuna serán el mejor reclamo para una vida llena del amor de Dios y atención al prójimo!

¡Dios mío. Que la Iglesia sea un recinto de verdad y de amor, de libertad, justicia y de paz. Dios mío, que el Pueblo Santo de Dios sea el signo de que aún en el mundo queda esperanza!

181.- *La misión del Espíritu Santo*

La Delegación Diocesana de Misiones de Córdoba publica una revista titulada "Testigos de la Misión de Córdoba". En el número 58 del mes de Octubre del año 1998 Antonio Evans, Delegado de Misiones, resume maravillosamente la misión del Espíritu Santo, alma de la Iglesia, en tres conceptos: ÉXTASIS, KÉNOSIS E ÍPAGO.

El Espíritu Santo capacita para salir de sí mismo y nos ancla en la esfera del amor y en la vida de los otros, dejando atrás las "ollas" del egoísmo y la envidia, la comodidad y la pereza, la ira y la vanidad, etc.

El Espíritu del Señor nos ancla en la cruz redentora de Jesucristo y nos enseña la sabiduría de la cruz. La renuncia a sí mismo para comprender y favorecer al otro, pidiendo a grandes voces que la vivencia del Eterno nos haga conmovernos y renunciar al hombre viejo.

El Espíritu Santo nos atrae hacia los brazos del Padre y nos hace comprender el amor compasivo del Padre eterno. Él nos conduce hacia cotas eternas de perfección y de dominio interior.

¡Ah, qué bien supo Antonio Evans resumir la misión del Espíritu Santo en la vida de los hombres y de la Iglesia, verdadero protagonsita de la evangelización y de la fe!

182.- Rodearse de gente inteligente

Cierto día le pregunté a un amigo si podía enterarse de una noticia que me interesaba y mi amigo me respondió: "Sin saber nada creo que no. Conozco a ese hombre y todo aquel que le hace sombra simplemente lo ignora completamente".

Me dió lastima aquella observación de mi compañero y amigo que descubrió el temor de muchos hombres y mujeres que se defienden creando una muralla invisible a su alrededor para no sentirse juzgados, criticados ni examinados. Y en vez de aprender de lo bueno que hay a su alrededor simplemente lo ignoran y lo niegan como no existente. Y esta tentación es muy común en muchas personas.

Y recordé unas palabras mágicas de John Fitzgerald Kennedy, presidente de los Estados Unidos durante los años 1961 al 1963, el presidente más joven y el primero católico de la historia de su país, que fue asesinado el 22 de Noviembre del 1963 cuando viajaba en un autómovil descapotable por Dallas (Texas): "Un hombre inteligente es aquel que sabe ser tan inteligente como para contratar gente más inteligente que él".

Y supe, en ese instante, comprobado por la experiencia, que no siempre se da a nuestro alrededor y que preferimos rodearnos de gente menos inteligente que nosotros para sorprenderlos, provocarlos y que nos lancen grandes alabanzas desde su propia mediocridad.

183.- *Con la cesta de compra*

Edith Stein había perdido la fe de sus padres, que eran judíos, y era doctora en Filosofía, asistenta de su maestro, el filósofo Edmund Husserl. La conversión cristiana y católica le vino una noche de verano del año 1921 en la casa de sus amigos, el matrimonio formado por los filósofos Theodor y Hedwig Conrad-Martius, leyendo la Vida de Santa Teresa de Jesús.

En el año 1916, todavía anclada en el ateísmo, le impresionó una experiencia que nunca pudo olvidar. Había ido de viaje con una amiga a Friburgo y "entramos un minuto en la catedral, y mientras estábamos allí en respetuoso silencio, llegó una mujer con su cesta de la compra y se arrodilló en un banco para hacer una breve oración. Esto era para mí algo totalmente nuevo. A las sinagogas y a las iglesias protestantes, que yo había visitado, se iba solamente para los oficios religiosos. Pero aquí alguien acudía en medio de sus ocupaciones diarias a una iglesia vacía, como para un diálogo confidencial. Esto no lo he podido olvidar nunca", comentaba años más tarde la misma Edith.

¡Qué gran regalo de Dios que se va manifestando a nuestro alrededor de miles maneras para atraernos hacia sí aunque nuestra propia minusvalía espiritual no lo contemple ni lo comprenda!

¡Qué gran gozo la misericordia de Dios hacia la misma Edith Stein que la sacó de su ateísmo y la elevó a las más grandes cotas de perfección y santidad ¡

184.- *El leño seco*

Cierto día un leño seco, que estaba destinado para la chimenea de la casa de una familia, se quejó abiertamente de su brutal destino y decidió negarse a ser quemado y consumido. No quería terminar como todos los leños secos que había conocido. Él quería una muerte más digna y más condescendiente con su origen: él provenía del olivo más grande y más frondoso de toda la finca.

Su rebeldía le hacía rebelarse contra todos los "ineptos" leños que aceptaban como un destino sellado durante millones de años por sus antecesores que deberían terminar en la hoguera para darle calor a los humanos.

Se alejó de los suyos porque no comprendía aquella situación y decidió marcharse al bosque, independiente y libre, alejado de las ataduras sociales y de los condicionamientos de los suyos. Él quería vivir de toda manera y terminar sus años de una "manera más auténtica", según él.

Todos le repetían que no podía negarse a ese destino y que su mayor alegría tenía que ser quemado por el padre de todas las purificaciones, el fuego, y que si se negaba terminaría peor de lo que pensaba. Pero él se negaba a aceptar esta realidad. Se alejó al bosque para vivir libremente y en descampado, pero cuentan que allí sigue estéril y viejo, cansado y receloso, uraño y quejoso de su destino, y suspira una mano que le ayude a llevarlo a la consumación más autentíca y a la realización más plena.

185.- Cualquiera es poderoso

Fray Luis de León nació en Belmonte, provincia de Cuenca, y era monje de la orden de los agustinos. Tradujo el Antiguo Testamento, así como textos clásicos griegos y romanos. Fue encarcelado por la Inquisición durante cuatro años por sus disputas teológicas con la Orden de predicadores, los dominicos.

Fray Luis de Léon comentaba con una sabiduría propia de los grandes y la sencillez de los pequeños que "para hacer mal cualquiera es poderoso", y que nadie es pobre para este menester.

Fray Luis, que experimentó la humillación y el encarcelamiento, la persecución y la calumnia, jamás se quedó fuera de su propia responsabilidad y asumió que en él también había parte de mal que debía ser limado y destruido, romper el hombre viejo del pecado para entrar en la dinámica grandiosa del hombre nuevo de la gracia.

Nos quejamos de la injusticia de los demás pero no vemos las injusticias que ejecutamos en cada momento sin tener el menor reparo. Criticamos sin piedad el palpitar desgarrado de los demás pero no vislumbramos las veces necesarias el hondo mal que está en "nuestros pozos" y en nuestros "propios centros".

Pero bien comprendió Fray Luis, como buen creyente, que donde abundó el pecado sobreabundó la gracia y que la cruz de Cristo ha asumido todos los males del hombre para transformarlos en oblación agradable a Dios Padre.

186.- *Un proverbio anamita*

Un viejo proverbio anamita dice que "mientras un hombre no tiene la cabeza cortada, nada está completamente perdido". Nuestro refranero lo dice de una manera más directa y sencilla, pero no menos contundente y fuerte: "Mientras hay vida, hay esperanza".

¡Cuántos hombres y mujeres han salido de situaciones que les parecían imposibles y que a fuerza de tensón y esfuerzo han comprendido que nada del todo estaba perdido!

¡Cuántos hombres y mujeres han descubierto que la vida es un asombro y que construir la existencia es lo difícil pero lo realmente apasionamente y valioso!

En este día, por favor, te pediría una sola cosa: Cree que a pesar de las dificultades más ciertas y agobiantes hay una esperanza para tí y que Dios se acurruca en tu corazón en el mismo momento que los arpegios de la noche oscura rompen a llorar.

Y recuerda que "mientras un hombre no tiene la cabeza cortada, nada está completamente perdido".

187.- *Ama la música*

Y dijo el profeta : "Cuando tu alma quiera buscar un lenguaje adecuado no busques demasiado en los rincones del pensamiento ni en los pilares de la técnica, sino en las cuerdas de la guitarra y en los suspiros del corazón.

Los grandes pensamientos de ayer fueron reelaborados y adaptados a la música para que calaran en las grandes masas y el lenguaje de la música unifica a los pueblos, sean de Africa, América, Asia, Europa u Oceanía.

Cantad una canción que nos devuelva el calor palpitante de nuestros orígenes y nos traiga sin demasiado retraso el calor desmedido de lo eterno y la multitud de solidaridad que necesita nuestra conciencia para salir airosa de su pasividad.

Ama la música con grandes sobresaltos y déjate envolver por los arpegios de los grandes maestros de ayer que dejaron páginas gloriosas para que las disfrutemos en este momento.

188.-Almas grandes

Federico García Lorca fue uno de los grandes poetas españoles de este siglo. Él decía que ""Hay almas que uno tiene ganas de asomarse a ellas, como a una ventana llena de sol".

Conozco personas que solamente sus palabras y su testimonio han hecho que mi espíritu crezca y que en mis sentimientos resurga la esperanza en medio de tantas vidas mediocres y vanas, insatisfechas y huidizas, trabajadoras del bienestar personal pero incapaces de mover un dedo por la dignidad del hombre y la justicia para todos.

Muchas personas han hecho brillar la esperanza más que todas las estrellas del cielo en la noche y han ayudado a otros cuando sus sufrimientos eran espantosos y su malestar enorme, pero a pesar de todo han podido confiar en el hombre, y han obtenido respuesta a su oración, creyendo con Gorge Meredith que "el que después de la oración abriga mejores sentimientos ha obtenido ya respuesta a sus súplicas".

Esas personas son las que interesan en el camino existencial y son las que hacen caminar esta historia hacia adelante. Son esas personas las que, como muy bien dice Federico, tiene "uno ganas de asomarse a ellas, como a una ventana llena de sol".

189.-"El argumento ontológico"

San Anselmo de Canterbury fue uno de los grandes personajes de la Edad Media. Nació en el año 1033 y murió en 1109. Llegó a ser arzobispo de Canterbury.

San Anselmo propuso el "argumento ontológico" para mostrar la existencia de Dios desde el plano de la metafísica. Este argumento ha tenido un gran valor para aquellos que han buscado dar razón a su discurso teológico, aunque no se trata de demostrar la existencia de Dios. Y hoy pueden ser para ti unas palabras importantes para armonizar y armonizar tu fe: "Aquello mayor de lo cual nada puede ser pensado no puede existir en el solo entendimiento. Pues si existe, aunque sólo sea en el entendimiento, puede pensarse que exista tambien en la realidad, lo que es mayor.

Por tanto, si aquello que lo cual nada puede pensarse, existiese sólo en el entendimiento, se podría pensar algo mayor que aquello que es tal que no puede pensarse nada mayor.

Luego, existe sin duda, en el entendimiento y en la realidad, algo mayor que lo cual nada puede ser pensado... Y esto eres tú, ¡Oh, Dios, Señor mío!"

190.- La cultura postmoderna

El hombre actual vive anclado en la cultura postmoderna y debe ser redimido desde su propia realidad. Esta cultura genera un retrato del hombre deforme. Han caído las "ideas globales" y los modelos de identificación, las grandes teorías y planteamientos globales de comprensión. Cada día el saber se parcializa y se fragmenta en mil pedazos. Surge el individualismo, el narcisismo, la autoafirmación sin referencia al grupo y a los otros, la falta de utopías, la insolidaridad, el rechazo hacia lo religioso como algo alienante que aleja al hombre de su dimensión más humana, el desprecio hacia el futuro y la reacción hacia objetivos a largo plazo, el apego hacia las apariencias y la moda, la competencia cada día más despiadada y el dominio exclusivo de la máquina, el afianzamiento de la economía de mercado y la comprensión de las desigualdades como algo necesario e imposible de solucionar, el ocio como reclamo necesario frente a toda exigencia y sacrificio, el culto al dinero y al poder como las únicas realidades seguras de cimentar una vida sin grandes creencias y planteamientos racionales de lucha...

Y este hombre actual, atrapado en miles telas de araña, reclama sin decirlo a Alguien que lo saque de esta época última, poco entusiasta con el hombre mismo y necesitada de respuestas últimas que le sentir que sólo desde un sentido global último puede encontrar una luz en este final de milenio, dominado por el ordenador y la técnica, la competencia y la indeferencia.

191.- *Una luz*

Y dijo el profeta: vuestra vida será una luz en medio de la noche cuando brille desde el testimonio y la palabra adecuada.

¿Acaso pierde valor un diamante si los que están a su alrededor no descubren su belleza?

Quisiera una respuesta que ilumine nuestras vidas y nos acerque a nuestra esencia más íntima y más cierta, aunque sea invisible. Una respuesta que nos sumerga en nuestro lado más desconocido y no alborote el silencio que calla y recrea.

Busquemos en el día a día la justicia que sea la norma suprema de nuestros actos y que el bien guíe nuestras decisiones y en medio de tantos pasos vacilantes la generosidad y la tolerancia sean valores que hagan ocultarse la noche en los huecos del amor.

¿Acaso no tenemos una sed interior que no es saciada con el agua cristalina de la fuente y que hace anidar las preguntas existenciales que nos son planteadas en el trascurso de la existencia humana?

¿Acaso una vida feliz no es una existencia entregada y consumida en beneficio de los demás, purificando con sacrificio las aristas de nuestra conflictiva humanidad?

192.- *La Verdadera religión*

"Ser religioso significa preguntarse apasionadamente por el sentido de nuestra vida y estar abierto a una respuesta, aun cuando ella nos haga vacilar profundamente... La verdadera esencia de la religión es el ser mismo del hombre en cuanto pone en juego el sentido de su vida y de la existencia en general...", comentaba brillantemente P. Tillich.

¡Qué bien expresó Tillich que la verdadera religiosidad enlaza con la búsqueda desesperada del hombre por el sentido de la vida y desde ahí la religiosidad puede afirmarse que es una de las dimensiones más importantes del ser humano, y que la religión, más que alejar al hombre de su misma dimensión humana, lo remite a su propio yo con una urgencia poco común!

193.-La oración y la limosna

En cierta ocasión una mujer observaba sorprendida un cementerio el día de los difuntos. Las tumbas, todo adornadas y repletas de flores, llamaban la atención por lo bien cuidadas que estaban. Parecía el cementerio un jardín.

Todos hablaban de la pomposidad y la fastuosidad de algunas tumbas. Un hombre hizo un comentario negativo ante tal derroche de flores y decoraciones, que veía abusivo la cantidad de ramos depositados estos días en las tumbas. Sus palabras fueron recriminadas por otros, ya que aquel gasto era bueno para la economía porque gracias a eso vivían muchas familias.

Y es esa visión mercantilista la que nos hace justificar gastos superfluos y auténticos derroches solamente porque genera empleo y da movimiento económico al país.

Pero aquella mujer, que escuchaba inquieta tales comentarios, repuso: "No estoy de acuerdo con tanto gasto a favor del culto a los difuntos. Estoy de acuerdo con adornar un poco las tumbas, ponerle algún que otro ramo de flores pero no este abuso. Desde pequeña me educaron en practicar la oración y la limosna. Las flores se marchitan pero la oración y la limosna se elevan como incienso hacia Dios".

Y aquella mujer, que rezaba delante de la lápida de su hijo, muerto en accidente, canceló la discusión de inmediato por aquel maravilloso comentario.

194.- La ruptura de nivel

Para comprender el hecho religioso es necesario conocer lo que significa la "ruptura de nivel". El creyente accede al "nivel sagrado" cuando se siente en la presencia de Dios, rompiendo con su cotidianidad o "nivel profano".

Esta ruptura en la vida cotidiana a favor de la presencia de Dios, percibido como el Absolutamente Santo y Todopoderoso que hace al creyente sentirse pequeño y débil, pecador e insignificante, y al mismo tiempo lo acepta como Fascinante que acoge al creyente como único e irrepetible, valorado y comprendido, amado y elevado, es fundamental para comprender el fenómeno religioso. Este encuentro con el Misterio no es desentenderse del mundo sino sentirse en tierra santa, en lugar santo, consciente de una llamada relacional profunda.

Pero puede ocurrir, y de hecho ocurre, que muchos hombres que miran con recelo cualquier manifestación religiosa como evasiva y absurda, no tienen el menor reparo en paralizar su vida cotidiana ante una manifestación deportiva.

Algunos filósofos subrayan que el papel que ocupaba para muchos colectivos la ruptura de nivel en el plano religioso lo ocupa ahora las retransmisiones futbolísticas, que en ocasiones paralizan a un país y genera no pocos problemas de violencia en las gradas.

En vez de ir en busca de una Presencia tremenda y fascinante, sobrecogedora y eterna, liberadora e infinita, se anclan en los límites finitos y en espectáculos fugaces.

195.- Rebeldía contra Dios

Un joven se rebelaba contra Dios. No comprendía su "descarrado" silencio ante la desgracia y el dolor humano. No podía soportar que Dios permitiera el mal y el sufrimiento humano, sobre todo de los niños y los inocentes.

Se dirigió a un sacerdote, que durante años había sido su consejero y amigo, y le preguntó amargamente "¿Por qué Dios callaba y permitía el mal?". Entonces su amigo sacerdote le susurró al viento: "Hay realidades que no llegaremos a comprender y entender del todo nada más que al final. Todo será revelado y descubierto al final de la historia cuando todo sea recapitulado y desvelado. Te aseguro, amigo mío, que Dios no calla en ningún momento, aunque no escuches su voz ni sepas a ciencia cierta lo que quiere en tu vida y en la historia de los hombres. Dios respeta tremendamente la libertad, en ocasiones no tan inocente en la gestación de las desgracias. Pero ten por seguro que Dios sufre con el que sufre y llora con el que llora, y si te preguntas qué hace Dios en las desgracias te diría que te ha creado a ti para que puedas paliar los efectos del desastre y hagas surgir de tu centro interior la grandeza de la compasión.

Joven amigo, no tiembles si tienes dudas, porque la fe debe de soportar con fortaleza las dudas más dispares para que sea purificada desde dentro, y medita cuando llegues a tu casa, delante de un crucificijo, qué haces cuando te encuentras a tu paso un sufriente y un enfermo"

196.- Totalmente atravesado por el amor de Dios

Edith Stein se sintió sobrecogida cuando leyó la "Historia de un alma" de Teresita del Niño Jesús: "la única impresión que he tenido leyendo la Historia de un alma es que me encontraba ante una vida humana única y totalmente atravesada hasta el final por el amor de Dios. No conozco nada más grande, y esto es un poco lo que querría, tanto como sea posible, trasladar a mi vida y a la vida de los que me rodean".

Efectivamente, la vida cristiana tiene su razón última en tanto en cuantro el creyente está atravesado hasta el final por el amor de Dios, manifestado en y por Jesucristo.

No radica la fuerza en el esfuerzo y la búsqueda que el hombre hace para salir al encuentro de Dios, sino el convencimiento pleno de que Dios sale en busca del hombre para "atraerlo con correas de amor".

Y cuando un alma se halla atravesado por el amor de Dios entonces su luz irradia los rincones más oscuros de su entorno y es una bendición para el mundo, aunque este amor de Dios no siempre le deja la quietud y la tranquilidad, sino muy al contrario, la inquietud por la misión y el testimonio gozoso de la buena noticia de Cristo.

Si eres cristiano no te dejes llevar por el pesimismo infecundo y vuélvete hacia Dios para que atraviese tu vida de parte a parte por la grandeza de su amor.

197.- La relación fe y razón

Hay dos tradiciones en el pensamiento cristiano con respecto a la relación fe y razón: la conciliatoria y la polémica. La tradición conciliatoria parte del principio de que la razón y la fe se complementan y para la tradición polémica ambos se contradicen.

Y ambas tradiciones pululan en el ambiente y de vez en cuando entrecruzan sus espadas.

Te sugiero en el día de hoy que intentes armonizar en tu existencia una razón que esté abierta continuamente a la trascendencia, que le da el soporte último y el sustento global de sentido, y una fe que razona y se sustenta en los pilares más profundamente filosóficos.

No pienses que la fe es algo tan misterioso y tan oscuro que raya en el subjetivismo más primario y en un edificio ideológico irreal y engañoso, porque solamente desde la fe la vida puede encontrar su sentido más profundo y su soporte más manifiesto.

Y si algún día sientes la tentación de abandonar la fe en nombre de la razón, no lo hagas porque entonces tu vida entrará en dimensiones inmanentes demasiado estrechas.

198- repleta de oportunidades

Y dijo el profeta: La vida es un huracán repleto de oportunidades que un día florecerá casi sin notarse en las manos del Eterno. Cada hombre y cada mujer que vienen a este mundo, arrastrados por la misma existencia, danzarán en las manos del Creador en muchos momentos sin que al menos lo sepan y sean concientes de ello.

¡Sí, somos como dos bailarines en la pista, que no sabemos a ciencia cierta quién está más íntimo y más escondido!

¡La vida misma es un misterio que nos lanza hacia pautas cada día más auténticas aunque sea desde caminos insospechados y caminos cada vez menos ciertos!

Tú necesitas saber que cuando realizas una actividad en el fondo lo que tú buscas es que tu alma se sacie de felicidad y bien sabes que no todas las ofertas que nos plantean la sociedad llevan a este cumplimiento.

Los lirios del campo alcanzan cuotas perfectas de belleza y los humanos estamos llenos de talentos y dones que nos deben de entusiasmar hasta el fondo desde el amor profundo al otro.

La vida misma es todo un canto y tu mayor tesoro que debe de ser descubierto, y revelado desde el alba hasta la noche.

199- Declaración de Obligaciones humanas

Jostein Gaarder, autor de "El mundo de Sofía", comentaba que "el próximo siglo necesita un paso más en el compromiso global por la justicia y el desarrollo. Requiere una Declaración de Obligaciones humanas. Porque no tiene sentido seguir hablando de derechos si no nos marcamos unas responsabilidades.

¡Magnífica manifestación de Jostein que nos recuerda a todos los humanos que no hay derechos sin deberes y responsabilidades!

Los sabios nos recuerdan que una persona que no sabe obedecer no debería mandar y que solamente exigiéndose a sí mismo será posible poder exigir a los demás, pues de la misma manera solamente se puede hablar de derechos cuando los deberes estén reafirmados y las obligaciones contempladas.

En la sociedad actual, demasiado preocupada en airear los derechos de todos los ciudadanos, convendría recordar las palabras de Gaarder y decirles a todos los hombres y mujeres, jóvenes y niños, que para que los derechos tengan efecto convendría también darle alas a las obligaciones.

200.- Volver al amor primero

No olvides en el largo palpitar de tu existencia el impacto del amor primero hacia Dios. Los días con nubarrones impiden ver el sol aunque él está detrás grandioso y brillante, así también la noche oscura ciega al alma para "ver" a Dios aunque Él está en su más recóndito centro.

No te fatigues en tus obras y trabajos cuando tu alma ha perdido la ilusión y el empuje del principio.

Volver al amor primero cuando no escatimamos horas para rozar lo divino en el silencio de una capilla o en la belleza de una montaña.

Volver al amor primero cuando tu fe te hacía salir a los jóvenes y niños, mayores y ancianos, para comunicarles sin demasiado protocolo que Dios es el único capaz de saciar la sed de eternidad que tenemos y dar al alma sus mejores intenciones y sus más firmes sentimientos.

<u>INDICE.</u>

FRANCISCO BAENA CALVO (Luque. Córdoba. 1962)

Sacerdote diocesano de Córdoba. Licenciado en Estudios Eclesiásticos .Ejerce de profesor de Moral y Religión Católicas en el IES "Florencio Pintado" (Peñarroya-Pueblonuevo)

Ha ejercido su labor pastoral en Pozoblanco, Villaralto, Cardeña, Azuel, La Venta del Charco, Torrecampo y El Guijo, Fernán Núñez, Peñarroya-Pueblonuevo y El Porvenir. Actualmente es Párroco "In solidum" de la Parroquia de "San Acisclo" de Córdoba.

El autor quisiera que este libro, EMISOR DEL VIENTO, ayude al lector a encontrarse consigo mismo, con sus deseos, con sus entradas y salidas, con sus sueños, con sus ambigüedades, con sus búsquedas, con sus rebeldías y sus pobrezas, con sus sospechas y desapegos, con sus sufrimientos y plegarias, con el mundo de este milenio que le ha tocado vivir y provoque un "flechazo pasional hacia la poesía".